VAINCRE LE CHÔMAGE

8 chantiers pour le plein emploi

JACK LANG

VAINCRE LE CHÔMAGE

8 chantiers pour le plein emploi

BERNARD GRASSET
PARIS

« Ce n'est pas parce que les choses sont difficiles que nous n'osons pas mais parce que nous n'osons pas qu'elles sont difficiles. »

SÉNÈQUE

REMERCIEMENTS

Ce livre est le fruit de lectures, de rencontres, de débats et d'échanges.

Hormis tous ceux avec qui j'ai pu converser dans ma circonscription et ailleurs, je tiens à remercier chaleureusement les personnalités – économistes, sociologues, syndicalistes, chefs d'entreprise – qui m'ont aidé dans mes réflexions, que je les aie lues ou rencontrées (évidemment, les propos de ce livre ne les engagent d'aucune manière) : MM. Philippe Aghion, Patrick Artus, Jacques Attali, Martine Aubry, Jérôme Batout, Eric Besson, Olivier Blanchard, Olivier Bouin, François Bourguignon, Dominique Bureau, Pierre Cahuc, Gilbert Cette, Vincent Champain, François Chérèque, Yazid Chir, Daniel Cohen, Elie Cohen, Jean-Paul Fitoussi, Lionel Fontagné, Jacques Freyssinet, André Gauron, Bernard Gazier, Julien Grenet, Elisabeth Guigou, Razzye Hammadi, Martin Hirsch, Francis Kramaz, Camille Landais, Eric Le Boucher, Jacques Le Cacheux, Jean-Christophe Le Duigou, Jean-François Levet, Jean-Hervé Lorenzi, Jean-Claude Mailly, Jacques Marseille, Eric Maurin, Denis Olivennes, Olivier Passet, Thomas Piketty, Jean Pisani-Ferry, Gérard Plumire, Christian Saint-Etienne, David Spector, Dan Steinfeld, Joseph Stiglitz, Dominique Strauss-Kahn, Bernard Thibault, Jean Tirole et André Zylberberg.

Avant-propos

Ne jamais séparer le goût de la recherche intellectuelle et scientifique de la passion de l'action :
telle est ma constante philosophie de vie. Mon
métier de professeur agrégé des facultés de droit
m'accorde ce privilège de pouvoir sans cesse
nourrir ma volonté de changement politique et
social par les enseignements de mes maîtres.

Mes travaux et mes séminaires m'orientent
assez souvent vers des matières utiles à la gestion
de l'Etat : le droit international, les finances
publiques, le droit fiscal, le développement économique, le droit constitutionnel, le droit admi-
nistratif, les libertés publiques.

Depuis un an, j'ai entrepris d'ouvrir d'autres
chantiers de réflexion et d'en publier régulière-

11

ment les conclusions : la métamorphose de l'école [1] , la réforme des institutions [2], l'immigration [3], bientôt la fiscalité [4] et les relations internationales.

Dans cet ouvrage, je me concentre sur l'emploi. L'exercice de mes diverses responsabilités publiques m'a toujours conduit à placer cette exigence au cœur de mon action. Ainsi, ministre de la Culture, ai-je souhaité pleinement consacrer les industries de la culture et des biens immatériels (nouvelles technologies, livre, audiovisuel, loisir, cinéma, musique...) comme une branche à part entière de l'économie du futur et comme telle, créatrice de centaines de milliers d'emplois.

Ma conviction de toujours est que l'investissement dans l'intelligence, la matière grise et l'innovation scientifique constitue le premier

---

1. *Une école élitaire pour tous*, paru en 2003 chez Gallimard.

2. *Un nouveau régime politique pour la France*, paru en 2004 chez Odile Jacob, et *Changer*, paru en 2005 chez Plon.

3. *Immigration positive* écrit avec Hervé Le Bras et paru en 2006 chez Odile Jacob.

4. Ouvrage à paraître chez Olivier Orban.

investissement économique d'un pays. D'où le combat que j'ai eu le bonheur d'engager comme ministre de l'Education nationale de François Mitterrand et de Lionel Jospin en faveur de la modernisation de notre système d'enseignement et de recherche.

La création d'emplois est aussi l'obsession de tout élu local. L'expérience m'a été donnée à Blois de susciter avec mon équipe l'implantation d'entreprises qui ont su transformer le paysage économique et social de la ville. Menant aujourd'hui une action semblable aux côtés de Daniel Percheron dans la région Nord-Pas-de-Calais, je constate avec joie que nos engagements volontaires en faveur de l'essor de certains pôles (halieutique à Boulogne-sur-Mer, transport ferroviaire à Valenciennes...) portent leurs fruits.

Cet ouvrage a évidemment une ambition plus vaste et plus générale : redonner confiance à un pays qui a tout pour réussir.

La maladie française du chômage
n'est pas incurable

Voici maintenant près de trois décennies que le chômage gangrène la société française, mine le moral de nos concitoyens et disqualifie sporadiquement les équipes dirigeantes à chaque échéance électorale. A la fois drame collectif et tragédie individuelle, la persistance d'un sous-emploi de masse se paie en France d'un coût considérable. Et pas seulement en termes de perte de richesse collective. Nous savons bien que la souffrance et l'exclusion des chômeurs conduisent à la dégradation de leur santé, à l'échec scolaire de leurs enfants, à la hausse de la criminalité ou à des désordres urbains dont nous venons encore de faire la dramatique expérience dans nos banlieues.

15

Vaincre le chômage

Le travail est plus qu'un moyen à la disposition des individus pour assurer leur existence. L'accès à l'emploi a un sens infiniment plus riche que sa seule utilité strictement économique et sociale. Composante primordiale du lien civique et expression révélatrice de l'appartenance à la collectivité, le travail irrigue le cœur de notre contrat social à travers l'une de ses valeurs centrales : l'égalité. Le chômage, c'est la précarité, l'injustice sociale, l'exclusion ; l'emploi, c'est la citoyenneté, la dignité et, finalement, la liberté. C'est pourquoi l'ardent impératif de le restaurer demeure absolument incontournable.

Certaines thèses à la mode et autres prédictions sensationnalistes sur une supposée « fin du travail » doivent être fermement récusées. L'expérience récente de nombreux pays ayant retrouvé un niveau de quasi-plein emploi prouve le contraire. Ils apportent un démenti frontal à la thèse du chômage inéluctable. La « société du travail » (même recomposée) demeure notre horizon et le plein emploi notre engagement fondateur.

Je n'ignore cependant pas que, de guerre lasse, nombre de nos concitoyens ont fini par considérer le chômage comme une fatalité, une maladie incurable contre laquelle il n'y aurait pas moyen d'agir. La preuve en serait fournie par notre incapacité persistante à l'endiguer. Alimentée par des analyses par ailleurs utiles sur la mondialisation en général, les délocalisations, les disparités européennes de compétitivité, la montée en puissance de la Chine et de l'Inde, mais aussi l'omnipotence d'un capitalisme financier devenu « total », la ritournelle du déclin de la France et du « tout est foutu » est en passe de ravager ce qui reste du débat politique, de creuser encore davantage les désillusions collectives, bref d'oblitérer l'avenir. La montée des populismes et des surenchères démagogiques, à droite comme à gauche, constitue à cet égard un indice fort du désespoir de la société française.

Il va sans dire que je ne partage pas ce fatalisme, ce pessimisme, cette tentation du renoncement – bien au contraire. La France peut, comme certains de ses voisins européens, renouer avec un marché du travail proche du plein emploi. C'est ma conviction. Une conviction qui n'est pas l'effet de mon « tempérament » mais le fruit de l'enquête intellectuelle que j'ai menée depuis plusieurs mois sur ce sujet, de mes lectures, de mes rencontres avec des économistes, des syndicalistes, des citoyens – et de toutes les réflexions qu'elles ont utilement nourries.

Universitaire de formation et juriste, je me suis en effet intéressé de près aux travaux les plus récents des scientifiques, c'est-à-dire des chercheurs et des praticiens de l'économie qui ne sont, hélas, pas assez écoutés des pouvoirs publics. Ceci est particulièrement dommage car la science économique est porteuse d'excellentes nouvelles.

Tout d'abord, d'énormes progrès ont été récemment accomplis concernant la connaissance du fonctionnement du marché du travail. La puissance de l'informatique a permis l'accroissement du traitement d'immenses bases de données disponibles qui permettent surtout d'affiner l'évaluation des politiques mises en œuvre. A quoi bon accumuler réformes et dispositifs si l'on n'est pas capable d'en faire le bilan, de trier le bon grain démocratique de l'ivraie technocratique, d'éliminer les voies de garage au profit des pistes d'avenir ?

Ensuite, corrélat de ces progrès de l'analyse économique, les études menées à l'échelle internationale dans de nombreux pays occidentaux et selon de multiples variables font désormais l'objet d'un assez large consensus : raison de plus pour examiner soigneusement ces points d'accord afin d'en tirer des propositions viables. Sans diagnostic clair, point de thérapeutique crédible.

C'est en tant qu'élu de terrain d'une circonscription populaire durement frappée par le sous-emploi (notamment le Pas-de-Calais, où le chômage atteint un taux supérieur à la moyenne nationale) que j'ai confronté le diagnostic des économistes avec l'angoisse, les questions et les attentes de ceux qui y vivent. Irremplaçable, cette expérience d'élu permet de distinguer le possible de l'impossible et le souhaitable du faisable dans le souci de l'intérêt général. Ajouterais-je que l'exercice de responsabilités gouvernementales importantes pendant près de quinze ans me porte davantage au pragmatisme qu'au dogmatisme ? Un pragmatisme qui, loin d'être l'abandon de mes croyances les plus anciennes et profondes d'homme de gauche, se veut au contraire la manière de les réaliser concrètement. Il tourne le dos à l'« ultralibéralisme » qui voudrait livrer la société au règne tout-puissant de la marchandise pour être, au contraire, l'expression d'une « stratégie de transformation » visant à rétablir un Etat-providence moderne dans l'environnement économique du XXIe siècle.

Je ne renonce pas au rôle de l'Etat et des forces sociales ! Mais je veux leur trouver un nouveau dynamisme pour former la main-d'œuvre, moderniser encore davantage les infrastructures, affiner les règles et les modes de régulation, accroître l'efficacité, revendiquer constamment l'utilité, identifier les nouveaux besoins, offrir les conditions d'une égalité des chances et d'une non-discrimination. Les mutations de notre époque sont globales et seule une transformation solidaire nous permettra de relever ces nouveaux défis en demeurant fidèles à notre histoire, à nos traditions, à notre système. Telle est l'essence d'un projet de gauche ferme et cohérent.

Toujours est-il que la curiosité intellectuelle et le souci de faisabilité politique ayant été mes deux viatiques lors de ce voyage à l'intérieur du chômage français, j'en ressors avec de profondes convictions et beaucoup d'optimisme.

La maladie française du chômage...

Ma première conviction, c'est qu'en effet le chômage apparaît comme une triste spécificité française, une véritable « exception économique » en Europe. Non que d'autres pays n'y soient confrontés (c'est le cas notamment de l'Allemagne, de l'Italie et de l'Espagne [1]), mais certains de nos partenaires comme l'Irlande, la Suède, le Danemark ou les Pays-Bas, partis d'une situation aussi grave que la nôtre, ont su réduire significativement et durablement leurs taux de chômage alors que nous avons échoué. Affectant près de 10 % de la population active depuis plus de vingt ans, le chômage français se caractérise par sa durée moyenne (celle des autres pays développés du G8 est de presque deux fois inférieure à la nôtre) mais aussi en ce qu'il pénalise particulièrement les jeunes, les seniors, les femmes et

---

1. Précisons que le taux de chômage dans l'ex-Allemagne de l'Ouest est inférieur à 8 %, que l'Espagne a réduit de plus de moitié le nombre de ses chômeurs au cours des dix dernières années et enfin que l'Italie a enregistré une baisse régulière du taux de chômage depuis 1995 pour atteindre 7,5 % en 2005, laissant la France dans cette position singulière d'un taux de chômage stagnant autour de 10 % si l'on excepte bien évidemment l'embellie observée entre 1997 et 2001, date à laquelle le taux de chômage avait atteint le seuil de 8,4 % grâce à l'action du gouvernement Jospin.

21

les personnes les moins qualifiées. Si l'on ajoute à cela qu'exception faite de l'Espagne la France a le taux de contrats précaires le plus fort d'Europe, nul ne s'étonnera d'apprendre qu'elle est aussi le pays industrialisé où le sentiment d'insécurité de l'emploi est le plus élevé.

Ma seconde conviction, c'est que notre pays, qui se caractérise par un important niveau de dépenses en faveur de l'emploi (4,2 % du PIB, soit 65 milliards d'euros), n'en recueille pas les dividendes, faute d'évaluation sérieuse et crédible de ses différentes politiques publiques. Imagine-t-on un médecin qui prescrirait sans cesse des médicaments sans savoir s'ils guérissent ses patients ? Telle est depuis trop longtemps maintenant l'attitude de l'Etat. Parce que les décideurs politiques ont trop longtemps écouté davantage la technostructure du Trésor ou du Budget que les universitaires et les économistes pourtant nombreux et brillants dans notre pays, parce que notre modèle politico-administratif est sans doute trop polarisé sur l'action au détriment de la performance, parce que l'Etat monopolise (*via* l'INSEE) les conditions de production des statistiques (comme les services des ministères eux-mêmes monopolisent leurs conditions d'utilisation) et ne les rend pas suffisamment accessibles aux publics extérieurs (chercheurs, journalistes, grand public), parce qu'un défaut sensible de coopération existe entre les différentes administrations et que nous sommes également rétifs aux procédures d'expérimentation sociale qui seules permettent d'évaluer comparativement l'impact de mesures à l'aide de groupes « tests » et « témoins », nous sommes enfermés dans un cercle vicieux difficile à briser : pléthoriques, les dispositifs existants ne sont pas évalués et cette impuissance conduit à les multiplier, d'où de nombreux gaspillages pour des résultats globalement inefficaces.

Pourtant, et en dépit de ces contre-performances évidentes, ma troisième conviction est que le chômage français n'est pas une fatalité. Les résultats obtenus par certains de nos voisins l'attestent. Ne parlait-on pas au début des années 80 d'une « maladie hollandaise » à propos des Pays-Bas dont le taux de chômage, qui atteignait 12 % en 1983, a été ramené à 2,8 % en 2000 avant de se stabiliser autour de 5 % aujourd'hui ? De même, celui du Danemark est passé de plus de 10 % en 1993 à un taux proche de 5 % depuis 2004, pour ne rien dire des performances de l'Irlande qui, dans le même intervalle, a réduit son taux de chômage de plus de dix points.

Ma quatrième conviction est qu'il existe une voie sociale-démocrate de retour au plein emploi. Indépendamment des taux de croissance respectifs des Etats concernés qui ont favorisé sur ce front l'embellie, les manières de renouer avec le plein emploi ont été en Europe extrêmement diverses [1].

Tout le monde sait comment le Royaume-Uni a stabilisé son chômage sous la barre des 5 % : par une politique libérale systématique menée depuis le retour au pouvoir des conservateurs en 1979, visant l'élimination des rares dispositions réglementaires qui encadraient le fonctionnement du marché du travail, la mise en demeure des chômeurs de rechercher et d'accepter tout emploi disponible, l'affaiblissement des droits syndicaux, ainsi qu'une sortie « aidée » du marché du travail de plusieurs centaines de milliers de personnes. Menée dans un climat d'affrontement

---

1. Voir Jean-Paul Fitoussi et Olivier Passet, « Réduction du chômage : les réussites en Europe », CAE du Premier ministre, La Documentation française, 2000.

La maladie française du chômage...

social délibéré, cette stratégie a eu d'indéniables effets positifs en termes de résorption du chômage mais le coût social a été exorbitant : aggravation des inégalités, développement des formes inférieures d'emploi, élargissement de l'exclusion sociale. Aligné sur le « modèle » libéral américain dont le niveau de pauvreté est passé en dix ans de 18 à 21,5 %, le Royaume-Uni a vu le sien croître de 8,2 à 14,3 % sur la même période, pour ne rien dire des bataillons de travailleurs demeurant pauvres qui prospèrent outre-Manche comme outre-Atlantique. De toute évidence, et contrairement à ce que pense la droite qui en rêve à voix haute, vaincre le chômage par l'injustice sociale n'est pas la solution.

Aussi, comme le demande intelligemment Bernard Gazier dans son ouvrage consacré aux nouvelles adaptations du modèle social européen [1], si le « social-libéralisme » de Tony Blair tolérant un fort niveau d'inégalités perçues comme inévitables consiste à « équiper les gens » pour qu'ils

---

1. Bernard Gazier, *Vers un nouveau modèle social*, Champs-Flammarion, 2005 (initialement paru sous le titre *Tous « sublimes », vers un nouveau plein emploi*, Flammarion, 2003).

25

puissent affronter le marché, n'est-il pas infiniment préférable d'« équiper l'économie » afin qu'elle puisse servir les gens ?

Assurément. Oui, il existe une autre voie de lutte pour l'emploi : celle d'un nouveau compromis social-démocrate qui a été empruntée avec succès ailleurs, au point qu'on a pu à nouveau parler de « modèle » hollandais, danois ou suédois, tous pays qui ont progressivement retrouvé le chemin du plein emploi sans remettre en cause les fondements de leur système social.

Le projet renouvelé de la social-démocratie ne puise pas son inspiration dans les principes du capitalisme anglo-saxon mais dans ces autres traditions de l'Europe occidentale que sont la concertation et la négociation collective. Il s'appuie sur la recomposition des initiatives, des droits, des institutions, où l'Etat (comme chez nous) a un rôle important à jouer. Faire évoluer notre modèle social ne signifie pas le démanteler, de même que le transformer ne veut pas dire détruire ce qui fait la spécificité historique de notre système de solidarité nationale.

Quoi qu'en pensent les tenants d'un conservatisme sclérosant refusant de prendre en compte les mutations économiques en cours comme les apôtres libéraux de la « rupture » à tout crin, des axes forts d'action se sont fait jour et ce livre se propose de les explorer concrètement. Car en matière de chômage, il est faux de dire qu'« on a tout essayé ». N'oublions pas que Lionel Jospin, entouré notamment de Martine Aubry et Dominique Strauss-Kahn, avait su prendre des mesures efficaces et s'était engagé dans une politique de l'emploi pertinente qui commençait de porter ses fruits lorsqu'il a été défait par les urnes. Depuis, cette défaite semble avoir effacé de la mémoire de nos concitoyens les excellents résultats obtenus (les économistes sont allés jusqu'à parler de « rupture historique ») et c'est pourquoi je tiens à les rappeler ici.

Entre 1997 et 2000, plus de 400 000 emplois en moyenne ont été créés en France chaque année. Or « 400 000 emplois par an, c'est un rythme dix fois supérieur à celui des vingt années qui ont précédé et deux fois plus élevé que celui des années 60, seule décennie du siècle où l'économie française a créé durablement des emplois. C'est un rythme que seules des circonstances exceptionnelles ont permis d'atteindre

dans le passé : l'année 1969 où un record de 7 %
de croissance avait été enregistré et l'année 1963,
marquée par les rapatriements d'Algérie. Les
années 1998, 1999 et 2000 figureront ainsi parmi
les cinq meilleures performances du siècle [1] ».

S'il est vrai que ces créations massives
d'emplois se sont réalisées dans un contexte de
croissance certes élevée mais pas exceptionnelle,
elles ne se sont pas limitées aux catégories de
salariés les mieux formés mais ont également
bénéficié aux individus peu qualifiés et aux chômeurs de longue durée. Fruit de mesures spécifiques visant à enrichir le contenu en emploi de la
croissance, à travers, notamment la réduction du
temps de travail, cette embellie a prouvé que la
voie choisie était la bonne. Elle a également
prouvé, *a contrario*, que rien n'était possible sans
une stratégie de longue haleine et une grande
continuité d'action. Entre le début des années 90
et aujourd'hui, dix ans ont été nécessaires pour
réduire significativement le taux de chômage au
Danemark, en Irlande, en Suède ou aux Pays-Bas.
Je ne crains donc pas d'affirmer que, si nous

---

1. Jean Pisani-Ferry, « Plein emploi », CAE du Premier
ministre, La Documentation française, 2000.

l'avions emporté en 2002, nous aurions eu vraisemblablement davantage de chances d'apercevoir le bout du tunnel l'année prochaine et cinq précieuses années n'auraient pas été ainsi gaspillées...

L'alternance politique à répétition constitue dans notre pays un symptôme évident du mécontentement et du désarroi citoyens. Pourtant, la clarté, la stabilité stratégique et la poursuite de l'action dans la durée ainsi qu'un certain consensus national sont des facteurs essentiels du succès de la politique économique, notamment en matière d'emploi. Par conséquent, nous avons un besoin urgent : celui d'un programme puissant, cohérent et complet, avec des objectifs clairs évalués à échéance régulière devant la Nation.

Par ailleurs, rien ne sera possible sans la croissance dont nous manquons cruellement et que nous payons lourdement en termes de précarité et de chômage. De 2002 à 2005, notre pays a créé moins de richesses en moyenne que le Royaume-Uni, l'Espagne ou les pays scandinaves. La demande des ménages est atteinte, l'offre des entreprises aussi, et la détérioration de notre capacité productive induit un déficit record de notre commerce extérieur. Certes, la croissance ne se décrète pas, mais l'expérience prouve qu'on peut la raffermir (comme ce fut le cas en 1997-2002) ou l'étouffer (comme on le constate depuis). Relancer la croissance par la hausse du pouvoir d'achat et la création de conditions favorables à l'investissement productif me semble donc une condition primordiale, un véritable préalable à la création d'emplois, la redistribution des revenus et au financement de la protection sociale.

Aussi, fort de ces convictions et de l'optimisme raisonnable qu'autorisent et légitiment les enseignements récents de l'analyse économique comme certaines expériences européennes, je voudrais définir aujourd'hui huit chantiers contre le chômage.

J'ai testé ces idées sur les acteurs du jeu social pour m'assurer qu'elles « tenaient la route ». Je prétends qu'elles peuvent permettre de diviser le taux de chômage par deux et de remettre ainsi la France sur le chemin du plein emploi et de l'espérance.

Point n'est besoin de mettre à feu et à sang la société française pour la réformer, c'est ce que je souhaite aujourd'hui prouver. Avec force. Passionnément. Car aucun de ces huit chantiers ne suppose la guerre sociale ; aucun ne remet en cause notre modèle. Certains peuvent peut-être susciter des controverses idéologiques avec des esprits dogmatiques, mais, sur le plan pratique, aucun ne remet en cause les avantages sociaux des salariés : ouvriers, employés – qui se sont parfois sentis abandonnés par la gauche. Je défends leurs intérêts contre les idéologues du « ne changeons rien » – ce qui revient à faire accepter un chômage de masse – et contre les idéologues du « rompons avec le modèle français » – ce qui revient à faire payer aux salariés l'adaptation à la mondialisation. Je crois que le chômage peut être vaincu par une société de la valeur ajoutée, de l'intelligence partagée, de la solidarité et de la responsabilité. Grâce à une stratégie d'engagement et de contrat négociée avec tous les partenaires sociaux. Une méthode attachée au respect de notre spécificité nationale et au souci de sa transformation pacifique et solidaire. Mais grâce aussi à un sursaut démocratique qui doit revitaliser l'ensemble de nos pratiques politiques dans tous les domaines.

CHAPITRE 1

Pour une société de la valeur ajoutée

Issus des deux guerres mondiales, les modèles fordistes et keynésiens à l'Ouest et d'économie planifiée à l'Est ont vécu. Depuis la chute du mur de Berlin, le capitalisme et l'économie de marché sont devenus sans rivaux. Le nouveau monde qui se dessine sous nos yeux à l'orée du XXIᵉ siècle apparaît soumis à des mutations rapides, à un fort progrès technologique, à d'incessantes recompositions économiques, politiques et idéologiques. Mais il apparaît également dur. Très dur. Devenu « total [1] », c'est-à-dire intégralement financier, aux mains de 300 millions d'actionnaires contrô-

---

1. Jean Peyrelevade, *Le Capitalisme total*, La République des idées/Seuil, 2005.

lant la quasi-totalité de la valeur boursière mondiale, ce capitalisme est incapable d'auto-régulation. Car ce que nous appelons « mondialisation » (soit l'interdépendance planétaire globale d'économies nationales ouvertes aux échanges de marchandises et de capitaux) n'est ni un programme, ni une doctrine et encore moins une idéologie, mais un processus. Un processus ayant une formidable capacité à engendrer des richesses et de la croissance, mais aussi à générer cupidité, inégalités sociales comme l'épuisement des ressources de la planète. Produisant d'un côté revenus, profits, amélioration des conditions matérielles et de l'espérance de vie [1], la mondialisation entraîne également des chocs, des crises, de la précarité et de l'exclusion. C'est pourquoi elle doit être gouvernée, corrigée et régulée par les Etats qui en sont intégralement partie prenante, à travers l'action politique qui seule peut retrou-

---

1. Depuis 25 ans, le volume du PIB mondial a progressé en moyenne de 2,5 par an. Le revenu par habitant des pays en développement comme la Chine, l'Inde, le Mexique, la Corée du Sud, Taïwan et vingt autres représentant 3 milliards d'habitants (soit la moitié de la population mondiale) a crû deux fois plus vite que celui des pays développés (qui a été multiplié par 2,5 depuis 1965).

ver les voies d'un développement plus équilibré.

Encore une fois, entre l'abandon aux seuls mécanismes du marché (le fameux « ultralibéralisme ») et l'aveuglement face à l'actuelle donne de l'économie mondiale, il existe une voie d'insertion solidaire de notre pays dans ce nouvel environnement. Mais encore faut-il savoir en quoi cette ouverture, à condition de la poursuivre intelligemment, nous serait bénéfique.

*

Une série d'événements récents ont placé le thème des délocalisations au cœur du débat économique et social et engendré de nombreux traumatismes. Fermeture retentissante des sites de Daewoo, Metaleurop, Comilog, Moulinex ; OPA du canadien Alcan sur Pechiney en 2003 ; effondrement d'Alstom sauvé *in extremis* : les coups de boutoir en provenance du terrain de bataille mondialisé prennent de l'ampleur et semblent s'accélérer. Selon une enquête d'opinion effectuée en décembre dernier, la mondialisation est une source de crainte pour 52 % des Français, d'espoir pour seulement 38 % d'entre eux, mais 74 % des sondés pensent qu'elle est « plutôt une chance » pour les actionnaires des multinationales [1]. Comment leur donner tort ? Les exigences de rentabilité de l'actionnariat des entreprises ne sont-elles pas la cause de licenciements boursiers en hausse et d'innombrables plans sociaux, tandis que le moindre coût en main-d'œuvre non qualifiée dans bon nombre de pays émergents affaiblit notre compétitivité et pénalise nos emplois dans les secteurs concernés ?

En partie. Mais en partie seulement. Car nous allons voir que cette double assertion mérite d'être fortement nuancée.

Que le lecteur me permette à cette occasion de clarifier deux termes qui perpétuent la méconnaissance des phénomènes en cours et alimentent la confusion des esprits : je veux parler des mots « délocalisation » et « désindustrialisation » souvent assimilés à tort. Si le premier définit la fermeture d'une unité de production en France suivie de sa réouverture à l'étranger en vue de

---

1. Enquête d'opinion BVA du Comité catholique d'action contre la faim réalisée en collaboration avec *Libération* et Europe 1 en décembre 2005.

réimporter des biens produits à moindre coût et de continuer à fournir le marché mondial à partir de la nouvelle implantation, le second vise le recul de la part de l'emploi industriel dans l'emploi total [1]. Mais ces deux vocables ne se recoupent pas exactement : l'un et l'autre recouvrent des mécanismes différents. Pour aller vite, la France semble moins souffrir des délocalisations proprement dites (évidemment les victimes directes en souffrent et leur souffrance doit être entendue et soulagée) que d'une double évolution liée au recul progressif, observé dans tous les pays développés, de la part de l'industrie dans la création des richesses nationales, et à une spécialisation industrielle devenue au fil du temps défavorable – c'est là l'essence de mon propos.

*

Certes, il est possible d'imputer des destructions d'emplois au commerce international et aux mouvements de capitaux spéculatifs, mais leur

---

1. Voir Lionel Fontagné et Jean-Hervé Lorenzi, « Désindustrialisation, délocalisations », rapport du CAE, La Documentation française, 2005.

ampleur est très faible comparée à celle de l'appareil productif due aux modifications de la demande et aux innovations technologiques. Chaque jour en France (mais cela est également constaté dans les autres pays industrialisés) 10 000 emplois disparaissent et 10 000 emplois sont créés [1].

Pour l'expliquer autrement, si cette « destruction créatrice » se dérègle, c'est-à-dire s'il y a plus de destructions que de créations, ou que la main-d'œuvre venue des emplois détruits ne peut être embauchée sur les emplois créés (soit parce qu'elle n'est pas géographiquement mobile, soit parce qu'elle n'a pas les qualifications souhaitées), alors il y a un risque de sous-emploi durable, de chômage structurel.

Contrairement à ce qu'une certaine focalisation médiatique laisserait croire, sur les milliers de salariés quittant leur emploi chaque jour ouvrable en France, plus de la moitié correspond à des fins

---

1. Voir Pierre Cahuc et André Zylberberg, *Le Chômage, fatalité ou nécessité ?*, Flammarion, 2004. Voir également Jean Pisani-Ferry, « Plein emploi » (*op. cit.*) qui se livre à la même analyse et parvient à la même conclusion, selon laquelle technologie et mondialisation ne sont pas ennemies de l'emploi.

Pour une société de la valeur ajoutée

de contrats à durée déterminée et seulement 2 %
à des licenciements économiques. Ces derniers
sont au demeurant contrôlés et sanctionnés par la
justice depuis un arrêt de la Cour de cassation
en 1999 qui a fait depuis jurisprudence et dont
nous reparlerons... La flexibilité de l'emploi est
donc beaucoup plus prononcée en France que la
précarisation due à la mise en œuvre de plans
sociaux.

Quant à l'idée reçue selon laquelle la mondialisation des échanges commerciaux aggraverait
notre taux de chômage en raison de la concurrence des pays à bas salaires et de la substitution
qu'elle occasionnerait entre produits français et
produits étrangers, ici encore une autre démons-
tration s'impose.

Tout d'abord, il faut savoir que si l'Union
européenne représente 40 % du commerce mondial, les deux tiers de ces échanges se font entre
pays européens. Malgré sa forte progression, le
commerce avec les pays émergents ne représente
qu'une faible part du PIB des pays industrialisés
et ne saurait donc expliquer à lui seul la dégradation de leur marché du travail.

39

D'ailleurs, et pour en revenir à la France, une analyse sérieuse [1] a démontré que les effets du commerce international sur l'emploi seraient neutres. Basée sur la méthode de la « balance en emplois » qui consiste à corréler les volumes de production, d'emploi, d'importations et d'exportations de chaque secteur pour calculer la différence entre le contenu en emplois des exportations et des importations, cette étude a montré que le commerce international avait été responsable de la perte nette de 40 000 emplois entre 1978 et 1990 mais que la période 1990-1997 s'était soldée *a contrario* par une création nette de 491 000 unités. Conclusion : la France s'étant mieux adaptée à la mondialisation à partir de 1990, les échanges extérieurs n'ont pas accéléré mais freiné la baisse des emplois industriels.

Dans un récent rapport, l'Assemblée des chambres de commerce et d'industrie, qui a interrogé cent entreprises ayant délocalisé en 2004 et 2005, analyse l'impact produit sur l'économie française.

---

1. Voir Stéphane Guimbert et François Lévy-Bruhl, « La situation de l'emploi en France face aux échanges internationaux », *Economie et Prévision*, n°ˢ 152-153, janvier-mars 2002.

Pour une société de la valeur ajoutée

Concernant l'emploi, si 37 % des entreprises affirment que cette opération s'est soldée par des diminutions d'effectifs, 44,5 % d'entre elles assurent qu'elles ont maintenu leur niveau d'emploi et 18,5 % qu'elles l'ont même augmenté [1].

Qu'il me soit permis cependant de préciser un point : ce n'est pas parce que *globalement* l'ouverture des échanges est bénéfique que *localement* elle n'a pas des effets désastreux. Pour les 40 000 salariés dont l'emploi a été détruit, c'est un drame qu'il faut traiter – j'y reviendrai.

Egalement sur la sellette et très souvent présentés comme sources de délocalisations d'emplois, les investissements français à l'étranger n'accroissent pas notre taux de chômage national, bien au contraire : les délocalisations qu'ils induisent ont un impact positif sur l'emploi [2].

---

1. « Délocalisations : la peur n'est pas une solution », rapport de l'ACFCI, novembre 2005.
2. Voir Vincent Aussilloux et Marie-Laure Cheval, « Les investissements directs français à l'étranger et l'emploi en France », *Economie et Prévision*, n°s 152-153, janvier-mars 2002.

En effet, alors que nous redoutons que les sorties de capitaux nationaux correspondent à une exportation d'emplois français vers les pays à bas salaire, toutes les études empiriques montrent que non seulement les flux d'investissements directs à l'étranger (IDE) sont majoritairement dirigés vers les pays industrialisés plutôt qu'en développement (ils émanent surtout d'entreprises et de secteurs non concurrencés par les pays émergents et possédant un leadership technologique), mais que le coût du travail semble loin d'être un facteur déterminant dans les décisions d'investissement à l'étranger.

Même si la part des IDE français à destination des pays hors OCDE (et notamment vers les pays émergents) a nettement augmenté entre 1998 et 2000, plus de 65 % des emplois à l'étranger des groupes français se situaient dans les pays industrialisés début 2000. En outre, il apparaît que ce sont les branches créatrices nettes d'emplois sur le sol national qui sont à l'origine de ces flux sortants. Ainsi, alors que le secteur textile est traditionnellement considéré comme faisant l'objet de stratégies de délocalisations pour des raisons de coûts de production, il ne représente en fait qu'une infime fraction des IDE français.

Pour une société de la valeur ajoutée

Très souvent filiales de commercialisation principalement motivées par l'accès au marché local, les firmes issues des maisons mères françaises implantées à l'étranger soutiennent davantage les exportations qu'elles ne les concurrencent, en raison notamment de l'importance des échanges intra-firmes. Mieux : leur bonne connaissance des spécificités locales de consommation et de distribution leur permet de maintenir ou d'étendre les parts de marché d'autres produits de la maison mère en assurant aussi une meilleure notoriété de leur marque. En ce sens, l'IDE contribue bel et bien à l'essor des exportations et à la création d'emplois.

Est-ce à dire que tout va au mieux pour la France dans le meilleur des mondes « mondialisés » ? Certainement pas. Car si la mondialisation n'est pas une « malédiction », elle n'en requiert pas moins d'affronter de nouveaux défis industriels et technologiques d'autant plus ardents que les mutations s'y accélèrent.

Vaincre le chômage

En dépit de certains scénarios pessimistes selon lesquels la France aurait vocation à devenir essentiellement agricole et touristique (même le *glamour* de son industrie du luxe se vend désormais en Asie), je crois fermement que nous devons nous battre contre cette prophétie de mauvais augure qui, si elle se réalisait, nous appauvrirait considérablement. L'industrie demeure un des principaux moteurs de l'activité économique en termes de valeur ajoutée comme d'emploi, et notre pays, qui se situe au cinquième rang industriel mondial en termes d'exportations, doit trouver les moyens de se redresser. L'industrie, dans son acception opérationnelle, représente plus de 40 % de la valeur ajoutée nationale et 30 % de la population active. Ainsi, les bases sociales de l'industrie sont bien plus importantes que ce que la représentation dominante véhicule communément.

Mon premier chantier vise à créer les emplois de demain. Il suppose donc une politique industrielle axée vers les besoins et les marchés du futur dont on sait qu'ils réclament toujours plus de matière grise, de recherche et d'innovation. Parce que ces dernières sont à l'économie contemporaine ce que furent jadis les matières premières, nous borner à l'utilisation à court terme des instruments de politique conjoncturelle est non seulement inutile mais suicidaire. Renouer avec le plein emploi implique d'activer une vigoureuse politique de l'offre qui seule sera susceptible de porter ses fruits à long terme. Car que constate-t-on?

D'abord, un triple mécanisme à l'œuvre dans tous les pays industrialisés qu'il importe de bien saisir pour comprendre de quoi on parle.

Un : depuis les années 60, se constate un mouvement généralisé de désindustrialisation interne résultant d'effets de demande et d'offre, soit un recul relatif de l'emploi industriel. Cette part est passée en France de 26 à 17 % entre 1981 et 2003. Deux : ce processus est renforcé par la globalisation et la montée en puissance des pays émergents. Trois : globalisation et délocalisations entraînent le développement du commerce international mondial et par conséquent la sélection des entreprises les plus efficaces. En résultent une pression concurrentielle accrue des pays émergents et une reconfiguration pour tous des spécialisations industrielles.

La question centrale est donc de savoir comment la France a réagi à cette nouvelle donne et comment elle se situe par rapport à ses concurrents.

Comme l'ensemble de l'Europe, notre pays se trouve sectoriellement concurrencé à la fois par le « bas » et par le « haut ». Hormis lors de brefs intervalles comme en 1987-1990 et 1998-2001, la décroissance quasi continue de l'emploi industriel dans la zone euro a touché tous les secteurs et particulièrement celui des biens de consommation, le plus vulnérable à la concurrence des pays émergents. Après avoir progressivement grignoté depuis trente ans les secteurs de l'habillement, des chaussures et de l'électronique bas de gamme, ces pays montent désormais en prix et en qualité dans le domaine des biens d'équipement, de l'automobile, de l'électronique et des télécommunications. La croissance de la production industrielle européenne est considérablement inférieure à celle observée dans les pays d'Asie : 13 % en Europe, de 50 % à 450 % en Asie entre 1991 et 2003 !

Face au rouleau compresseur que constituent, à commencer par la Chine [1], ces « nouveaux ateliers du monde », la poursuite de notre déclin productif dans les industries traditionnelles ne se trouve pas compensée par une montée dans les industries de haute technologie qui constituent des marchés à forte croissance auxquels ces pays n'ont pas encore accès.

Un étau s'est formé, que nous peinons à desserrer faute de vraie stratégie industrielle. Alors que l'Espagne et le Royaume-Uni ont pris depuis vingt ans l'option d'une forte spécialisation sur les services au détriment assumé de l'industrie, l'Allemagne a fait le choix d'un fort maintien sur le secteur des biens d'équipement et de l'automobile, qui a d'ailleurs connu une progression rapide de sa production depuis 1990, tandis que reculait lentement celle des biens de consommation. Ayant par ailleurs accéléré la refonte de son

---

1. Un petit exemple frappant : huit sèche-cheveux, grille-pain ou cafetières sur dix vendus dans le monde sont désormais produits en Chine...

Etat-providence, elle a regagné la première place sur le podium des pays exportateurs et se révèle très bien placée dans la nouvelle division mondiale du travail.

Et nous ? comment avons-nous réagi à la nouvelle donne industrielle mondiale ? quelles ont été notre réponse, notre stratégie ?

Globalement, notre réponse a été insuffisamment forte et notre stratégie « intermédiaire[1] ». Alors que l'accroissement rapide de notre production automobile ne nous abrite pas de la concurrence croissante des pays émergents sur ce terrain comme celui des biens d'équipement et des nouvelles technologies, la lente décrue de notre offre de biens de consommation montre que nous avons du mal à nous dégager de secteurs insuffisamment compétitifs. Nous enregistrons en effet, et depuis 1994, un déclin continu de nos gains de productivité qui, de 1,5 % par an en 1997, sont tombés à 0 % en 2003. Les cinq secteurs français qui ont vu leurs emplois augmenter depuis 1995 sont l'agro-alimentaire ; l'auto-

---

1. Sur ces questions de spécialisation industrielle, voir Patrick Artus et Gilbert Cette, « Productivité et croissance », rapport du CAE, La Documentation française, 2004.

mobile ; le secteur chimie, caoutchouc et plastiques ; les composants électriques et électroniques ; le secteur de la pharmacie, parfumerie et entretien. Conclusion : nous manquons cruellement de spécialisation dans les activités à forte valeur ajoutée, que ce soit dans l'industrie ou les services.

L'échelle des nouvelles spécialisations en cours nous oblige donc à nous reconfigurer fortement.

Donner la priorité à l'avenir en maintenant notre capacité à créer des emplois face à l'intensification de la concurrence internationale réclame que la France se positionne sur les industries à haute valeur ajoutée et les services. Et pour cela, nous devons axer massivement nos efforts sur les budgets de recherche et développement (R&D), l'accroissement des qualifications de la population active et les investissements en technologies de l'information et de la communication (TIC) – données dont tous les experts s'accordent unanimement à considérer l'impact décisif sur la productivité, la croissance et l'emploi. N'ont-ils pas contribué à la bonne fortune de l'économie américaine dont la croissance a été en moyenne supérieure à un point par an par rapport à celle de la France depuis 1990 et qui accuse avec l'Europe (comme avec le Japon) une supériorité de 25 points en matière de PIB par habitant ?

L'accumulation du capital, la diffusion des TIC, les investissements en R&D, en éducation, en infrastructures (mais aussi les grandes innovations technologiques et biotechnologiques) ont joué un rôle essentiel dans la productivité et la croissance outre-Atlantique. Pourquoi ne pourrions-nous pas mener, avec nos moyens et à notre échelle, une telle politique structurelle ?

Certes, nous sommes pris dans une spirale générale de décrochage de l'Union européenne par rapport aux Etats-Unis et à l'Asie en matière d'investissements R&D. Selon le tableau de bord 2005 sur la recherche et le développement industriel publié en décembre 2005 par la Commission européenne, les 700 entreprises de l'Union européenne dépensant le plus en recherche ont investi 102 milliards d'euros en 2004, alors que leurs homologues non européennes y investissaient 202,8 milliards d'euros : soit + 0,7 % par rapport à 2003 pour les premières mais + 6,9 % pour les secondes ! A ce rythme, j'ai bien peur que l'objectif du conseil européen de Lisbonne (2000) visant à ce que l'Europe consacre 3 % de son PIB à la R&D soit en passe de devenir un vœu pieux. Néanmoins, cela ne doit pas nous empêcher de constater que, même à l'intérieur des frontières européennes, certains de nos voisins font beaucoup mieux que nous. Par exemple, si nous consacrons 2,2 % de notre PIB à la R&D, ce pourcentage est de 2,5 % en Allemagne et de 4,3 % en Suède (2,8 % aux Etats-Unis et 3,2 % au Japon).

De même, la faiblesse du nombre de nos chercheurs (pour 10 000 emplois) dans les entreprises est avérée (28,7 en France contre 37,7 en Allemagne, 52,1 en Suède et 66,6 aux Etats-Unis en 2001). Comme celle des dépenses nationales de R&D privées qui représentent seulement 1,4 % de notre PIB en 2002 alors qu'elles atteignent respectivement 1,7 %, 2,2 % et 2,6 % des PIB allemand, américain et suédois [1]. Là encore, la

---

1. Les entreprises européennes ont accru leurs dépenses de R&D de 2 % en 2004-2005 mais leurs concurrentes américaines et asiatiques de 7 %.

comparaison avec notre voisin allemand qui connaît les mêmes difficultés que nous (croissance anémique, chômage destructeur, comptes publics en perdition et « crise » de son modèle social) est instructive. Forts de leur compétitivité retrouvée dans un contexte poussant à la délocalisation massive des activités de R&D vers les pays émergents, les *Konzern* allemands ont créé plus de services de recherche à l'étranger dans les années 90 qu'au cours des cinquante années précédentes [1].

Quant à l'innovation qui, chacun le sait, est devenue un vecteur majeur des emplois futurs, les deux indicateurs permettant de l'apprécier sont éloquents. D'abord, sur le nombre de brevets [2] déposés en Europe, la position de la France a glissé du 5e au 13e rang mondial de 1993 à 2000. En 2001, nous n'assurions plus que 6,1 % des dépôts de brevets en Europe (– 14 % en cinq ans). Ensuite, concernant les publications scientifiques,

---

1. Voir le rapport annuel sur les investissements internationaux de la Conférence des Nations unies pour le commerce et le développement (CNUCED), octobre 2005.
2. Je sais néanmoins qu'il peut exister un avantage stratégique à n'en pas déposer...

la France a enregistré un léger progrès en nombre (passant de 4,5 % en 1986 à 5,2 % en 1999 tandis que les Etats-Unis passaient sur la même période de 38,5 % à 30,9 %), mais reste dominée par le Royaume-Uni et l'Allemagne. En outre, il apparaît que nous publions encore trop peu dans les disciplines scientifiques et que nos travaux sont moins cités que les autres. Alors qu'il nous faut beaucoup dépenser pour la recherche fondamentale, les PME, les universités et la recherche appliquée industrielle, l'expérience prouve que le rendement de notre matière grise dépendra aussi de notre capacité à mettre en synergie laboratoires universitaires, pôles technologiques et tissu industriel spécialisé [1]. A titre d'exemple supplémentaire, même la Bavière, dont le ministre-président Edmund Stoiber professe volontiers un discours ultralibéral, pratique *de facto* une politique industrielle classique où l'engagement massif de l'Etat fédéré se conjugue avec une politique active de partenariat avec le secteur privé et de négociations *ad hoc* avec les syndicats. Depuis 1994, la Bavière a réussi à financer 80 projets liés à la formation, la

---

1. Je reviendrai sur ces problématiques dans le chapitre suivant, notamment au sujet de l'Université.

recherche, le transfert de technologies, le soutien à la création d'entreprises, l'innovation et l'exportation. Environ 1,3 milliard d'euros ont été par ailleurs investis dans une vaste offensive « high tech » de promotion des sciences de la vie et des technologies de l'information. Résultats ? « Ce soutien direct à l'industrie a facilité la reconversion de l'économie et permis aux exportations bavaroises de plus que doubler en dix ans, atteignant près de 120 milliards d'euros en 2004 [1]. »

L'exemple de l'Allemagne prouve donc qu'il est possible pour un pays européen de conserver, voire d'améliorer sa compétitivité industrielle à condition de favoriser ses gains de productivité, son insertion commerciale dans une zone en croissance rapide et ses dépenses publiques en R&D.

A cet égard, une politique industrielle rénovée devrait, selon moi, prendre en compte le niveau tant européen que national.

Les Etats-Unis ont démontré au milieu des années 90 qu'ils entendaient déployer une politique industrielle volontariste basée sur des méca-

---

1. « Edmund Stoiber ne transposera pas à Berlin le modèle bavarois », *Le Monde*, 3 novembre 2005.

nismes incitatifs en faveur de l'innovation, une protection forte des droits de propriété et un soutien massif à la recherche. Pourquoi ne pas nous en inspirer à l'échelle de l'Europe ? Point n'est besoin d'être présent partout, il suffit de favoriser des activités à fort contenu technologique et certaines niches industrielles comme le nucléaire, l'aéronautique, la pharmacie, les technologies de l'information et de la communication, ou encore les bio- et nanotechnologies. Des coopérations pourraient s'enclencher entre un nombre limité d'Etats afin de stimuler l'émergence d'entreprises nouvelles dans les secteurs de la défense, des hautes technologies, de l'environnement, de l'énergie et des transports. Certains bons esprits n'hésitent pas à préconiser même une « Small Business Administration » européenne, voire la création d'une Agence européenne de la science chargée d'évaluer les savoirs et les technologies innovantes.

Quant au niveau national, une nouvelle politique de grands projets doit s'accorder avec une politique territoriale forte. Je l'ai déjà dit et j'aurai ultérieurement l'occasion de le répéter : outre la révolution démocratique et la révolution des savoirs que j'appelle fortement de mes vœux, la révolution territoriale ne me semble pas moins décisive. A la fois fiscale, entrepreneuriale et sociale, cette dernière s'avère cruciale car, comme l'affirment à juste titre Lionel Fontagné et Jean-Hervé Lorenzi, « les difficultés face à la mondialisation sont d'abord locales ». Recherche, excellence universitaire et capacité industrielle doivent s'articuler ensemble. Il faut à la fois valoriser les anciens terreaux industriels et en faire émerger de nouveaux. A l'instar de ce qui existe par exemple dans la région de Toulouse, sur le plateau de Saclay et à Grenoble, où l'électronique s'est développée à partir d'une histoire industrielle ancienne et a trouvé ses marques d'excellence à travers, notamment, les projets de Crolles 2 et de Minatec [1].

En labellisant 66 pôles de compétitivité, le gouvernement veut nous faire croire qu'il a pris

---

1. « Crolles 2, c'est le rassemblement, au niveau de la recherche appliquée de trois entreprises microélectroniques mondiales, dont ST. Minatec est encore plus révolutionnaire puisqu'il s'agit là de faire de la recherche fondamentale entre le LETI (Laboratoire Electronique du CEA), les écoles d'ingénieurs de Grenoble (INPG) à destination des entreprises, notamment STmicroélectronique. » (L. Fontagné et J.-H. Lorenzi, *op. cit.*)

la mesure de cette nécessité d'avoir des « clusters » français. Mais l'objectif est trop ambitieux en nombre, entraînant une dispersion des projets et un « saupoudrage » des moyens dont nous ne connaissons que trop les inconvénients tant il constitue un « vice français » en matière de politiques publiques. D'ailleurs, en distinguant parmi 15 pôles dont il est prévu qu'ils bénéficient de procédures accélérées et de financements privilégiés, 6 « mondiaux » et 9 « projets à vocation mondiale », le gouvernement entérine une préférence conduisant *de facto* à faire des autres pôles des laissés-pour-compte.

C'est la raison pour laquelle nous devons demeurer aussi vigilants qu'imaginatifs. D'autant que le gouvernement a encore une fois multiplié à tort les structures : Agence pour l'innovation industrielle (AII), Agence nationale pour la recherche (ANR), Haut Conseil à la recherche et à la technologie dont les membres ne peuvent s'autosaisir et sont tous nommés sans que leurs avis soient forcément rendus publics, etc. Illisible et opaque, le système va à l'inverse de ce que les Etats généraux de la recherche avaient souhaité en mettant les universités au centre – j'y reviendrai.

Vaincre le chômage

Certains économistes préconisent pour la France une stratégie industrielle « à deux composantes ». Consistant à la fois dans le soutien des entreprises produisant des biens et des services sophistiqués et dans le maintien de mesures en faveur des personnes les moins qualifiées afin d'augmenter l'emploi dans les secteurs protégés de la concurrence internationale, la première composante de cette stratégie rejoint donc ma première proposition : la montée en gamme de la part la plus complexe de notre industrie ne se fera pas sans un redéploiement des finances publiques en faveur des budgets d'investissements dans l'espace et les télécommunications, des entreprises technologiques à fort potentiel d'innovation, et de l'amélioration de l'efficacité des institutions publiques de recherche. Ajouterai-je que l'accroissement des qualifications d'une part de plus en plus importante de la population active sur lequel se focalise tout l'enjeu de l'éducation et de la formation constitue à cet égard un pivot majeur dans la conquête des emplois de demain ? Oui. C'est pourquoi je propose de combattre le chômage en bâtissant une authentique « société de l'intelligence partagée ».

CHAPITRE 2

*Pour une société
de l'intelligence partagée*

Culture et économie : même combat. Cette
profession de foi énoncée dans ma première
déclaration de nouveau ministre de la Culture de
François Mitterrand en 1981 n'avait pas manqué
de susciter la polémique. Les faits ont montré
ultérieurement qu'un investissement intellectuel
puissant était un levier fort du développement
économique. Sous l'impulsion de l'Etat, les
villes, les régions et des départements ont rivalisé
de projets pour créer une nouvelle dynamique
économique fondée sur un renouveau de la vie
créative et intellectuelle. Simultanément, les
industries de la culture (livre, cinéma, audio-

visuel, disque) encouragées par des plans d'action gouvernementaux ont pris un essor sans précédent. On évalue à 200 000 le nombre d'emplois directs ou indirects générés par la nouvelle politique culturelle conduite sous l'autorité de François Mitterrand.

Or ce qui vaut pour la culture s'impose avec plus de force encore pour l'éducation et la recherche scientifique. L'investissement dans la matière grise doit être le premier investissement économique d'un pays. Contrairement à la France, certains l'ont bien compris. Alors que le Japon traversait une crise de premier ordre au milieu des années 90, il a fait le pari de l'intelligence par des efforts massifs en faveur des nouvelles technologies et de la science. Il a prouvé que l'essor industriel provenait principalement de ses chercheurs. Le résultat ne s'est pas fait attendre : la croissance est repartie et le Japon relocalise ses usines.

La France doit adopter la même stratégie de développement économique basée sur l'éducation et sur la recherche. La voie que je propose est à rebours de la privatisation de l'imaginaire collectif proposée par les forces marchandes.

Pour une société de l'intelligence partagée

Fils d'une institutrice elle-même fille d'un instituteur, j'ai souvent eu l'occasion d'évoquer ma passion ancienne pour l'éducation qui s'enracine dans mon histoire personnelle. Enfant de l'école républicaine par ma famille et par mon cursus, j'ai pu ainsi m'épanouir dans un métier qui m'a toujours été cher, celui de professeur des universités. Plus tard, j'ai eu l'honneur d'exercer les fonctions tout aussi exigeantes qu'exaltantes de ministre de l'Education nationale, d'abord durant onze mois sous l'impulsion de Pierre Bérégovoy en avril 1992, puis sous celle de Lionel Jospin de 2000 à 2002. A chaque fois, ce fut une expérience riche, passionnante, à la mesure de l'idéal qui m'a toujours animé : celui d'une école républicaine de l'égalité des chances et de l'excellence, d'une école élitaire – et non exclusivement élitiste – pour tous, à laquelle d'immenses efforts ont été consacrés. Car contrairement à ce que la « complainte de l'Education nationale supposée irréformable » laisse entendre avec une régularité métronomique aussi fausse que lassante, de nombreux chantiers ont été ouverts et d'innombrables réformes (dont certaines décisives) accomplies, qui portent d'ores et déjà amplement leurs

61

fruits [1]. Nous devons être collectivement fiers des métamorphoses accomplies. En trente ans, l'école s'est profondément rénovée. Parfois grâce à quelques ministres réformateurs de droite mais principalement grâce à l'action transformatrice de la gauche.

Pour autant, tout le parti de la formation initiale et continue en tant que levier majeur de lutte contre le chômage, la précarité et l'exclusion, n'a pas été tiré. Sachons par exemple que la moitié de chaque génération de bacheliers n'obtient par la suite aucun diplôme de l'enseignement supérieur. Un gâchis insupportable non seulement pour tous ces jeunes en manque d'une formation de haut niveau mais également une perte considérable pour notre économie qui aura besoin de plus en plus de personnes diplômées de l'enseignement supérieur.

Positionner la France sur des industries à haute valeur ajoutée, renouer le pacte vertueux de la

---

1. Sur tous ces sujets et sur la totalité des réformes et dispositifs mis en œuvre, je me permets de renvoyer le lecteur à mon ouvrage, *Une école élitaire pour tous*, Folio Gallimard, 2003.

croissance, de la productivité et de l'emploi, impliquent un effort accru sur un double front : celui de l'innovation, publique et privée, de la recherche et développement, des investissements en technologies de l'information et de la communication. Celui aussi de l'augmentation du niveau des qualifications de la population active. Améliorer ces dernières permettrait de satisfaire en même temps l'exigence de modernisation économique de notre pays et l'ambition d'équité sociale au cœur d'une vraie politique de gauche.

Les nouvelles théories de la croissance développées depuis quinze ans nous enseignent ceci : ce que les économistes appellent le « capital humain » conditionne l'aptitude d'un pays à innover et à rattraper les plus développés, de telle sorte qu'il existe un effet indiscutablement positif du « niveau » de capital humain (mesuré par le nombre d'années d'études moyen de la population active) sur le taux de croissance moyen de la richesse nationale d'un pays. Les conclusions du sommet européen de Lisbonne de mars 2000 sont à cet égard éloquentes : « La diffusion du savoir est la ressource stratégique essentielle du développement européen. L'évolution vers l'éducation et la formation tout au long de la vie doit accompagner cette transition réussie vers une économie et une société fondées sur la connaissance. »

Quant à l'équité sociale, sa nécessité est rendue d'autant plus impérieuse par les observations que l'on peut faire sur le marché du travail : si elle est nécessaire sur le plan économique, la modernisation a cependant pour conséquence d'augmenter les inégalités entre les individus qui s'adaptent rapidement et ceux qui éprouvent plus de difficultés à changer de métier. Elle creuse également les écarts de salaires entre travail qualifié et non qualifié (le cas américain est à cet égard spectaculaire). Bref, elle accroît profondément les inégalités devant le chômage.

L'objectif fixé pour la décennie et auquel l'Europe (alors des Quinze) a souscrit est de « devenir l'économie de la connaissance la plus compétitive et la plus dynamique du monde, capable d'une croissance économique durable accompagnée d'une amélioration quantitative et qualitative de l'emploi et d'une *plus grande cohésion sociale* » (je souligne). Nous devons impérativement nous y atteler, même si ce défi – mais là est aussi l'une des raisons pour lesquelles il me semble enthousiasmant – est particulièrement ambitieux.

Les deux propositions que je souhaite avancer ici me semblent donc doublement logiques : combattre le chômage en augmentant le nombre de personnes qualifiées tombe sous le sens, mais encore faut-il se donner les moyens de lutter à la source contre l'échec scolaire des enfants issus des milieux les plus défavorisés, sans quoi l'objectif d'une économie de l'intelligence restera lettre morte.

DEUXIÈME CHANTIER :
Combattre le chômage en augmentant le nombre de personnes diplômées et qualifiées

Toutes les études sur les caractéristiques des systèmes d'éducation occidentaux et des performances comparées de leurs marchés du travail sont unanimes : moins le niveau général d'éducation est élevé, plus le chômage de longue durée est important. En ce sens, qu'elle soit initiale ou continue (la première a d'ailleurs un effet propulsif sur la seconde), la formation apparaît comme un facteur décisif d'élévation du niveau de l'emploi.

La situation française, dans ce contexte général d'élévation du niveau de la formation des jeunes sortant du système scolaire, est finalement très contrastée, tant du côté de la demande que de l'offre d'emplois [1].

En trente ans, le niveau de la formation initiale a connu une très forte élévation générale. La liste des réformes positives qui ont permis la scolarisation d'un nombre beaucoup plus important de jeunes est longue : loi René Haby sur le collège pour tous, scolarisation obligatoire jusqu'à 16 ans, création par Alain Savary des zones d'éducation prioritaire, objectif fixé par Jean-Pierre Chevènement d'amener 80 % d'une classe d'âge au niveau du bac, lycées des métiers initiés par Jean-

---

1. Voir notamment André Gauron, « Formation tout au long de la vie », rapport du CAE, La Documentation française, 2000.

Pour une société de l'intelligence partagée

Luc Mélenchon... Cependant, cette élévation du niveau de la formation continue a été plus tardive que dans les autres pays occidentaux (le basculement ne s'est produit qu'au début des années 80) et n'efface donc que progressivement la faible qualification moyenne de la population active. En 1999, les deux tiers des actifs possédaient encore un diplôme inférieur au bac (les disparités sont encore plus saisissantes si l'on considère les tranches d'âge). Et si la proportion des bacheliers de 25 à 34 ans sera selon les estimations supérieures à 75 % en 2010, celle de la catégorie de 45 à 54 ans s'établira seulement à 35 % à la même date [1].

Pour résumer : si l'on prend la fin du lycée comme critère de niveau de formation initiale, les jeunes Français qui sortent depuis dix ans du système secondaire sont dans une situation comparable à celle de leurs homologues américains, allemands et anglais. Mais la situation diffère sensiblement lorsque l'on prend en compte la population âgée de 25 à 64 ans : en 1995, la part

1. Voir le rapport n° 9 du Haut Conseil de l'évaluation de l'école « Eléments de diagnostic sur le système éducatif français », novembre 2003, La Documentation française.

de celle-ci n'ayant pas achevé son deuxième cycle secondaire se montait en France à 32 % (contre 14 % aux Etats-Unis et 16 % en Allemagne). Au total, la France se caractérise par l'importance de sa population active ayant achevé sa scolarité au niveau du brevet (35 %) et la faiblesse de celle des diplômés de l'enseignement supérieur (20 % contre 35 % aux Etats-Unis).

Du côté de l'offre d'emplois, le changement massif des profils professionnels exigés par les entreprises constitue un phénomène majeur depuis vingt ans. La diminution relative des emplois non qualifiés dans l'emploi total (passés de 25 % au début des années 80 à 16 % en 1996) a coïncidé avec une augmentation forte des postes très qualifiés. Sans entrer dans les détails de la mutation du modèle de production « fordiste », disons que le basculement des métiers de l'industrie au secteur tertiaire, le développement des métiers « transversaux » et la progressive substitution de la notion de « compétence » à celle de « qualification » ont rendu nécessaire une plus grande adaptabilité de la main-d'œuvre, critère qui dépasse amplement celui de la compétence technique.

Pour une société de l'intelligence partagée

Ces changements intervenus dans les entreprises suite aux nouvelles contraintes nées de
la mondialisation et du progrès technique,
expliquent amplement les liens contrastés qui
existent entre emploi, niveaux de diplôme et
chômage.

S'il existe un lien fort entre l'accès à l'emploi
et la possession d'un diplôme du second et du
troisième cycle de l'enseignement supérieur (le
diplôme reste une variable discriminante de l'accès
à l'emploi qui sera d'autant plus stable que le premier est élevé), il est déjà plus faible concernant
les bacheliers ou diplômés du premier cycle universitaire. Quant au lien entre emploi et personnes
sorties du système éducatif avec au plus un CAP
ou un BEP, il apparaît totalement distendu puisque
cette catégorie est celle des deux tiers des chômeurs français.

Pour le résumer autrement, si l'on observe les
taux de chômage par niveau de diplômes pour la
décennie 90, il apparaît que le taux de chômage
des diplômés de l'enseignement supérieur a, pour
l'essentiel, un caractère essentiellement friction-
nel (il dure le temps qui sépare la transition entre

deux emplois), alors que celui des moins qualifiés est plus souvent de nature structurelle (c'est un chômage de longue durée). Ainsi, alors que le chômage des plus diplômés (au moins bac + 2) n'avait augmenté en 1990 que d'un point par rapport à 1973, celui des personnes au niveau du certificat d'études s'était accru de 13 points.

Ces quelques données résument très bien l'enjeu auquel nous devons faire face : l'obligation de poursuivre l'élévation du niveau de qualification de la population française. D'où deux impératifs : intensifier nos efforts concernant l'enseignement supérieur (notamment l'Université), et requalifier les actifs à faible niveau de formation.

Construire une société de l'intelligence exige de rouvrir le chantier de l'enseignement supérieur et de la recherche. Toutes les nouvelles théories de la croissance insistent sur l'importance des dépenses d'éducation dans les universités [1]. Alors que les pays éloignés de la frontière technologique doivent privilégier l'imitation et le rat-

---

1. Voir Philippe Aghion et Elie Cohen, « Education et croissance », rapport du CAE, La Documentation française, 2004.

trapage des techniques existantes (c'est-à-dire concentrer leurs moyens sur l'enseignement primaire et secondaire), ceux qui s'en approchent doivent favoriser en priorité leur système d'enseignement supérieur. Des estimations économétriques portant sur 20 pays de l'OCDE valident cette théorie : à mesure qu'un pays se rapproche de la frontière technologique, le rendement marginal d'une année d'enseignement supérieur augmente.

Le cas de la France a excellemment illustré ce schéma : initialement éloigné de la frontière technologique durant la période 1945-1970, notre pays a bénéficié à plein de l'excellence de son système d'éducation primaire et secondaire. En phase actuelle de rapprochement de cette fameuse frontière, il a besoin d'un système éducatif également orienté vers la recherche fondamentale et l'innovation, que seul un couplage enseignement supérieur/recherche efficace et une reprise de l'investissement public actuellement sacrifié sont susceptibles de générer. Comme l'a récemment souligné Daniel Cohen, « si l'on admet que les innovations scientifiques et techniques seront au XXIe siècle ce que l'organisation scientifique du travail individuel a été au xxe siècle, il ne serait pas aberrant de considérer qu'une " organisation scientifique du savoir " s'impose également ment [1] ».

Nous ne semblons pas en prendre la voie, malgré la réelle démocratisation de l'accès à l'enseignement supérieur. Si le pourcentage de bacheliers a été multiplié par deux en vingt ans et que le nombre d'étudiants s'est accru de plus de 58 % de 1985 à 1995, la légère diminution du nombre de ces derniers à la fin des années 90, en raison du recul démographique et de la baisse tendancielle du nombre de bacheliers « généraux », laisse penser que la « massification » spectaculaire des universités pourrait désormais être derrière nous. Certaines estimations prévoient même une diminution de la population étudiante de 65 000 personnes en 2008 par rapport à 1998-1999.

Derrière cette tendance, il y a cependant d'autres réalités, plus optimistes. Par exemple, la proportion de premiers diplômes en sciences

---

1. Daniel Cohen, « Trois leçons sur la société postindustrielle », Collège de France, octobre 2005.

obtenus pour 100 adultes de 24 ans est passée de 2 à 8 % entre 1975 et 1999, plaçant la France au second rang derrière le Royaume-Uni (10 %) tandis que la part américaine s'établissait à 6 %. De même, avec 6 800 doctorats scientifiques par an depuis 1975, la France a fait proportionnellement mieux que les Etats-Unis. Par ailleurs, grâce aux BTS, IUT, DUT et aux licences professionnelles, l'enseignement supérieur français semble en partie bien adapté aux besoins économiques puisqu'il fournit à l'économie des collaborateurs de qualité : une performance d'autant plus remarquable que ses moyens sont modiques.

Est-ce à dire que nous devons nous en satisfaire ? Certainement pas. Investir davantage et mieux dans l'enseignement supérieur me semble impératif. Mais surtout, nous devons renforcer l'articulation avec la recherche et l'industrie de pointe déjà évoquée au sujet de notre impératif de re-spécialisation industrielle. Malheureusement, avec le Pacte sur la recherche présenté par le gouvernement, notre pays n'en prend pas la voie. Cette loi aurait dû réparer trois années et demie de dégâts budgétaires. Elle va au contraire aggraver notre retard. Cette loi aurait dû faire de la recherche publique et privée le moteur de notre économie. Elle n'a pour seul objectif idéologique que de démanteler les grands organismes de recherche, CNRS en tête.

Les remèdes, nous les connaissons. Il faut changer de braquet : la relance du plan social en faveur des étudiants, la reprise des plans pluriannuels de création d'emplois d'enseignants-chercheurs et de chercheurs mis en place par le gouvernement Jospin, l'augmentation de 50 % du nombre des étudiants du supérieur, la réforme de l'accueil en premier cycle, le renforcement de l'union entre les universités et les organismes de recherche, l'accélération du rapprochement entre les universités et les grandes écoles, la création d'une agence européenne de la science, équivalent pour notre continent de la National Science Foundation américaine. Notre pays doit enfin consacrer 3 % de son PIB à sa recherche, tant publique que privée, à l'égal de la Suède ou de la Finlande, ce qui sous-entend un effort budgétaire au moins 3 fois supérieur à ce que le gouvernement prévoit pour les prochaines années.

A la logique de l'empilement préconisée par ce dernier, je préfère celle de la concentration des énergies. Suivant les propositions de certains auteurs [1], nous pourrions ainsi créer au sein des nouveaux pôles de compétitivité une université de technologie en France par an pendant cinq ans, et regrouper par ailleurs les écoles d'ingénieurs afin de leur conférer une stature internationale. S'alarmant d'une certaine désaffection des jeunes pour la culture scientifique, ces mêmes auteurs recommandent également la création d'une grande université technologique européenne. Dans le même sens, un groupe d'économistes a récemment appelé l'Europe à se doter d'un « Pacte pour une nouvelle université ». J'y suis extrêmement favorable. D'autant plus que j'ai consacré une part importante de mon action (en tant que ministre de l'Education nationale et président du Conseil des ministres de l'Education de l'Union européenne) à la création et à la promotion, avec mes homologues allemand, italien et anglais, d'un espace européen de l'enseignement supérieur.

Initié dès 1998 par Claude Allègre, ce processus en faveur d'une véritable « Europe de l'intel-

---

1. Il s'agit de Lionel Fontagné et Jean-Hervé Lorenzi, *op. cit.* Voir également Philippe Aghion et Elie Cohen, *op. cit.*

ligence » s'est consolidé l'année suivante et s'est élargi sous ma présidence à Prague en 2001 : 32 pays se sont engagés en faveur de cet espace d'ici à 2010. L'architecture commune des diplômes européens repose désormais sur trois cursus : le cursus licence, le cursus master et le cursus conduisant au doctorat. C'est ce que l'on appelle communément le LMD. Pour la première fois, une même référence est offerte à tous les étudiants européens, ce qui accroît la lisibilité et la fiabilité des diplômes, les coopérations entre universités et la mobilité des parcours. Outre la libre circulation des étudiants et des enseignants, l'introduction de la dimension européenne dans la formation et l'adoption d'une architecture commune de référence des formations et des diplômes, le point clé du dispositif a été constitué par le système des crédits européens (ECTS pour *European Credits Transfer System*). Devenus réalité, ces crédits constituent une sorte de « monnaie commune » permettant aux étudiants de se former dans différents pays selon des parcours modulaires transférables d'une université à l'autre. Mobilité, itinéraires fluides et souples, formation tout au long de la vie : les crédits fonctionnent d'une certaine manière comme les validations d'acquis professionnels mais au niveau de l'enseignement supérieur. A ce titre, ils apparaissent comme un outil essentiel de personnalisation des formations. Et, plus important encore, ce nouveau système constitue le levier d'un profond changement de l'organisation des études supérieures. La mise en place de ce véritable « euro » des universités permet aux adultes qui veulent reprendre leur formation de garder le bénéfice de leur formation antérieure et de la compléter par de nouveaux cursus. Il permet également de mieux prendre en compte la professionnalisation des formations. Les vertus de ce système sont considérables : formation initiale et formation continue forment un même ensemble, une « professionnalisation durable » pour tous. La validation des acquis professionnels redonne à chacun une nouvelle chance pour transformer sa carrière, traduire en crédits non seulement sa formation initiale mais également les stages, les projets accumulés tout au long de sa vie. Cette révolution pédagogique n'en est qu'à ses balbutiements. Une seule chose est sûre : grâce au LMD, un « Maastricht de l'éducation » s'est mis en place qui prouve que l'Europe a autre chose à apporter au monde que des valeurs marchandes.

Après la formation initiale, la formation continue constitue le second levier d'action et semble une solution de bon sens. Mais encore faut-il ne pas se contenter d'incantations magiques et rendre le système performant. La France souffre d'une croissance faible et trop peu créatrice d'emplois, ce qui rend la période 1997-2002 atypique à l'échelle des deux dernières décennies. Les succès des pays du nord de l'Europe, qui ont su associer croissance économique, créations d'emplois et cohésion sociale, nous enseignent que toutes ces dimensions sont compatibles, que la cohésion sociale est source de développement économique, à condition de donner une priorité claire à la formation tout au long de la vie.

Dans un contexte de vieillissement de la population active, l'amélioration de l'employabilité de chaque salarié bénéficiera à toute la société. L'enjeu a d'autant plus d'importance que notre pays dépense peu d'argent public pour sa formation et utilise bien mal celui investi par les entreprises. Car, là encore, les moyens publics alloués dissimulent des inégalités flagrantes contraires à la justice sociale et à l'efficacité.

La France a dépensé 22,9 milliards d'euros pour la formation professionnelle et l'apprentissage en 2003, ce qui la place au second rang des pays industrialisés. Nous sommes également le seul pays à en avoir fait une obligation légale depuis la loi de 1971, exigeant des entreprises de plus de 10 salariés d'y consacrer 1,6 % de leur masse salariale [1].

Certes, les entreprises vont au-delà de la norme légale et y consacrent en moyenne 3,5 % de la masse salariale (soit deux fois plus qu'à la fin des années 70). Certaines grandes entreprises et PME du secteur « high tech » vont même jusqu'à 10 %. Ces chiffres ne doivent cependant pas tromper. Entre le début 2002 et la fin 2003, les dépenses de formation auront baissé de près de 5 %, soit environ 500 millions d'euros. Selon l'OCDE (perspectives pour l'emploi, 2004), le ratio des dépenses publiques au PIB rapporté au taux de chômage est de 0,03 %, soit sept fois moins qu'au

---

1. Pour les entreprises de moins de 10 salariés, le pourcentage est de 0,55 %.

Danemark. Ceci ne serait pas trop inquiétant si l'argent du privé était bien utilisé, ce qui n'est manifestement pas le cas. Ainsi, la moitié des sommes qui y sont affectées couvrent les salaires, les frais d'hébergement et de restauration. Quant à la formation proprement dite, elle touche trop peu de monde, et pas celles et ceux qui en ont le plus besoin. Le système français de formation professionnelle offre des droits à des catégories juxtaposées mais paradoxalement pas à tous les salariés.

Les 10 milliards d'euros consacrés par les entreprises à la formation chaque année (hors apprentissage) ne s'adressent qu'à 5 millions de personnes. De plus, les inégalités selon le sexe, l'âge, les qualifications et les tailles des entreprises sont ici très flagrantes et plus importantes que dans les autres pays industrialisés. Comme le métaphorise cruellement Bernard Gazier, c'est « l'effet Matthieu de la formation » : « On donnera à celui qui a, et il en aura plus ; mais celui qui n'a pas, on lui enlèvera même ce qu'il a [1]. » (Matthieu, XXV, 29.)

---

1. Bernard Gazier, *op. cit.*

Pour une société de l'intelligence partagée

Ainsi, le taux d'accès à la formation continue des ouvriers non qualifiés était en 1995 de 14 % (10,7 % seulement pour les femmes) contre 43,2 % pour les cadres, et de 2,5 % dans les entreprises de moins de 20 salariés (5,7 % dans celles de 20 à 50). De plus, ce taux d'accès semble pénaliser les plus âgés puisque de l'ordre de 21 % pour les hommes de 25-45 ans, il tombe à 18 % pour ceux qui dépassent cet âge alors que c'est justement cette catégorie – comme nous l'avons vu – qui est sortie du système scolaire insuffisamment formée. De fait, quand l'usine de Renault-Billancourt a fermé, on s'est aperçu que certains ouvriers qui étaient à la chaîne depuis longtemps ne savaient tout simplement pas lire ! Comment était-il alors possible de les reclasser ?

Par ailleurs, la loi du 4 mai 2004 sur la formation professionnelle, si elle entérine l'Accord national interprofessionnel du 20 septembre 2003 et crée un droit individuel à la formation, ne règle en rien la « tuyauterie » financière opaque qui résulte des multiples intermédiaires collectant et répartissant la formation. La preuve, c'est que l'information est incohérente selon qu'elle provient des entreprises ou des organismes collecteurs : alors que les premières déclaraient avoir versé 3,1 milliards d'euros en 2003, les seconds disaient avoir perçu 4,7 milliards[1]. Par ailleurs le « marché » proprement dit de la formation est très complexe, touffu et peu transparent. Il est aujourd'hui atomisé entre une myriade d'organismes (plus de 36 000) – associations de formation d'entreprises, associations liées aux branches, organismes publics (AFPA, GRETA, CNAM, universités, etc.), associations sans but lucratif : aucun acteur politique n'a de véritable vision des moyens dont il dispose pour agir. Le financement de la formation professionnelle demeure donc un serpent de mer auquel il conviendrait de s'attaquer courageusement.

Quoi qu'il en soit, re-professionnaliser les actifs faiblement qualifiés comme donner une seconde chance à ceux dont les compétences ont été dévalorisées par le progrès technique ou la concurrence ne se fera donc pas en dépensant plus mais mieux.

---

1. « Démonter l'usine à gaz de la formation professionnelle », *Le Monde-Economie*, 10 janvier 2006.

Pour une société de l'intelligence partagée

Rénover en profondeur notre système de formation permettra à mon sens de répondre aux
effets du profond mouvement de progrès technique et de mondialisation qui, en bouleversant
les trajectoires professionnelles des salariés,
remettent régulièrement en cause leurs qualifications. Puisque les métiers et les technologies se
transforment, donnons les moyens aux salariés de
participer à ces changements en leur permettant
d'accéder à la formation qui reste la meilleure
assurance contre le risque de chômage : 35 % de
ceux qui ont arrêté l'école à 16 ans passent plus
de deux ans au chômage, contre moins de 15 %
pour ceux qui ont poursuivi jusqu'à 21 ans.

Je propose donc de créer une réelle seconde
chance qui brise l'inégalité d'accès des salariés à
la formation professionnelle et permette que tout
ne se joue plus dans les premières années de la
vie active. Nous ne pouvons ignorer que seuls
5 % des Français bénéficient d'un congé individuel de formation une fois dans leur vie, ou bien
encore que les chances d'accéder à une formation
pour une femme peu qualifiée travaillant dans
une PME sont 40 fois moindres que celle d'un
cadre masculin œuvrant au sein d'une grande

entreprise! C'est pourquoi il me semble fondamental de revisiter notre système de formation professionnelle qui ne permet pas aujourd'hui de rattraper ces retards initiaux. Le droit à la formation doit être un droit universel reconnu à chacun.

Notre objectif est également de mieux préparer et protéger les salariés face aux bouleversements économiques et scientifiques du monde d'aujourd'hui. Le rôle de l'Etat est à la fois d'anticiper et d'accompagner par la formation les évolutions, les reconversions et les mutations techniques, et de garantir tout au long de la vie des revenus et une protection sociale.

Chaque salarié se verrait doté d'un « compte formation individuel », qu'il soit chômeur ou non, car la formation tout au long de la vie doit concerner les jeunes mais également les adultes déjà engagés dans la vie active. Il ne doit pas y avoir de génération ou de catégorie sociale sacrifiée. Les chômeurs devraient y avoir accès comme l'ensemble des salariés, qu'ils soient dans une grande ou une petite entreprise. Ce nouveau droit universel à la formation professionnelle serait transférable d'une entreprise à une autre, car adossé à la personne. Il devrait être inverse-

ment proportionnel au niveau de formation initiale. Il ouvrirait des droits à la formation tout au
long de la carrière professionnelle, y compris
pendant les périodes de chômage, pour valoriser
son talent, progresser dans son entreprise, ou tout
simplement changer de métier. Il financerait une
rémunération et les coûts pédagogiques. En outre,
suivant en cela les propositions de la commission
formation professionnelle du Parti socialiste animée par Clotilde Valter, ce droit à la formation
doit être bonifié en fonction d'objectifs de politiques publiques : droit au reclassement pour les
salariés âgés, droit à la mobilité pour des salariés
ou des demandeurs d'emplois présents sur des
bassins sinistrés, droit à la formation pour des
salariés en difficulté d'insertion particulière,
notamment les handicapés ou les femmes de
retour à l'emploi.

Quelques pistes ont été avancées, comme de
passer d'une obligation fiscale à une cotisation
sociale gérée par un organisme paritaire unique
du type Unedic ou Urssaf. De son côté, André
Gauron suggère de supprimer l'obligation de
dépense de formation des entreprises pour la remplacer par une « obligation de former » intégrée

au contrat de travail. Pourquoi, en effet, ne pas imposer une obligation légale de formation qualifiante pour les salariés rémunérés au niveau de 1,7 Smic ?

Quant aux « chèques-éducation » prônés par Thomas Piketty, ils poussent la logique du droit individuel en attachant la fin de la formation et de sa gestion à l'individu lui-même, au travers d'un compte épargne-formation abondé par l'entreprise et les pouvoirs publics. Formation initiale de qualité et droit à la formation continue financée par un crédit pour sa vie professionnelle doivent en effet aller de pair.

Un nouveau droit de ce type suppose la mise en place de moyens d'accueil et de suivi des bénéficiaires, qui font actuellement cruellement défaut. Je suggère une mise en œuvre qui laisse toute sa place à la création d'un grand service public de la formation professionnelle. A cette occasion, nous pourrions d'ailleurs tenter de rénover conséquemment l'appareil de formation et en développant la formation en alternance et l'apprentissage.

Mentionnons également une avancée importante, qui mérite peut-être d'être perfectionnée dans ses aménagements techniques afin d'être davantage utilisée par les salariés, mais qui se révèle d'ores et déjà très positive : je veux parler de la « validation des acquis de l'expérience » (VAE) que j'ai contribué à inscrire dans la loi en 1992, puis en 2002. Substituant l'expérience professionnelle aux années d'études et à la toute-puissance du « diplôme à la française », ce dispositif initié par la gauche en 1985 a été élargi à tous les niveaux de titres en 1992 et perfectionné encore par la loi de modernisation sociale de janvier 2002. La durée de l'« expérience » dans la profession dont on réclame le diplôme a été réduite de cinq à trois ans et inclut désormais le travail non salarié comme le bénévolat. Extrêmement positive pour les salariés sans diplômes licenciés qui se requalifient par rapport à leurs années de travail (je pense notamment à ceux du secteur textile dont le taux de retour à l'emploi est de seulement 9 %), la VAE a vu son nombre doubler de 2002 à 2003 et a particulièrement profité aux chômeurs. Selon une étude, 90 % des validés expliquent qu'ils ont gagné en confiance et 79 % en motivation.

Bien ancrée dans le paysage, la VAE gagnerait sans doute à être simplifiée dans sa procédure et ses délais afin que davantage de dossiers soient retirés et surtout remplis, car son rôle est crucial comme outil de mobilité sur le marché du travail.

Quoi qu'il en soit, aucun dispositif n'aura de réelle efficacité sans un ciblage plus fin des populations qui en ressentent une réelle nécessité et sans une évaluation probante de leurs résultats respectifs. J'ajoute que l'investissement dans la formation professionnelle possède un rendement démultiplié dès lors que la formation initiale a amélioré la capacité des salariés à « apprendre à apprendre ». Comme l'explique limpidement Bernard Gazier, « les travailleurs les moins qualifiés sont en effet les perdants du système éducatif initial. Leur cursus scolaire est la plupart du temps, et en particulier en France, une série d'échecs et de relégations dans des filières de moins en moins valorisées. Dès lors, en tant que travailleurs adultes, ils ne sont pas du tout incités à prendre le risque de se former à nouveau et de se retrouver dans les situations d'échec qu'ils avaient fuies en entrant rapidement et peu formés dans la vie active [1] ».

---

1. Bernard Gazier, *op. cit.*

Par conséquent, à partir du moment où scolarité et formation continue se renforcent mutuellement et tendent à accentuer les inégalités de qualification issues de la scolarité elle-même, il faut prendre le problème à la base en tordant le cou à l'échec scolaire dès le plus jeune âge. D'où le troisième chantier auquel je propose de réfléchir.

TROISIÈME CHANTIER :
Combattre le chômage en luttant contre l'échec
scolaire dès le plus jeune âge

L'école est une des dernières digues de la République qui résiste. Face à une misère sociale et culturelle explosive, les enseignants permettent à tous les élèves de bénéficier d'une culture commune de qualité. Nous le savons hélas tous : les enfants ne se battent pas à armes égales. Comment en effet préparer ses devoirs lorsqu'on doit partager sa chambre avec de nombreux autres frères et sœurs ? Comment bien étudier dans un logement insalubre ? Et quelles invitations à apprendre, à étudier, lorsque parents, frères et sœurs aînées, éventuellement diplômés, sont au chômage? Toutes les belles théories du savoir butent sur les conditions de vie matérielle. Dans une société dominée par la ségrégation sociale, culturelle et spatiale, les jeunes, et notamment ceux qui sont originaires des milieux les plus modestes, se trouvent victimes d'une véritable déculturation intellectuelle et morale. Ils sont les premiers à subir la progressive mercantilisation des cerveaux. A être privés de l'accès à la culture et à l'épanouissement artistique. A être appauvris dans leur tête et leur cœur. Ils sont littéralement bombardés par les médias. Le devoir de l'Etat est alors de construire un véritable contrepouvoir à la marchandisation des imaginaires en développant massivement le rôle de l'instruction publique et en favorisant au maximum l'encadrement parascolaire des enfants.

Le rôle de l'école est de donner plus à ceux qui ont moins : le plus tôt possible, dès l'école maternelle. Avant qu'il ne soit trop tard. Priorité doit être accordée à la socialisation de tous les élèves. Quels que soient leurs niveaux. Et tout au long de leur scolarité. A rebours des décisions de l'actuel gouvernement, je crois que la scolarisation obligatoire doit toucher le plus grand nombre possible d'enfants et d'adolescents. L'élève doit être au centre du système éducatif et ce système doit être le plus large possible. C'est pourquoi je préconise personnellement l'extension de l'obligation scolaire de 3 ans jusqu'à 18 ans. Face à la dislocation des familles et à la montée des individualismes, je crois également que le devoir de l'Etat est d'organiser, d'animer, de financer le temps des enfants au-delà même du temps strictement scolaire. Il faut offrir des lieux de socialisation alternatifs comme, par exemple, l'internat.

L'école de l'égalité républicaine commence dès l'école maternelle et primaire. Notre pays doit mieux comprendre la nécessité d'imaginer de nouveaux dispositifs en direction des tout-petits, de créer un véritable « service public de la petite enfance ».

D'une certaine façon, c'est bien l'objectif assigné à notre école maternelle. Alliant rigueur et créativité, le « Plan pour l'école maternelle et élémentaire » que j'ai conçu en 2000 et qui fut approuvé deux ans plus tard par le Conseil supérieur de l'éducation a renforcé de manière significative les processus d'apprentissages fondamentaux en petite, moyenne et grande section de maternelle, insistant notamment sur la détection précoce des difficultés. Mais surtout, ce plan a fortement mis l'accent sur la maîtrise de la langue française, colonne vertébrale de l'enseignement primaire, « savoir des savoirs » et véritable « maison commune » préalable à tout apprentissage et à toute socialisation. Lorsque l'on sait que le nombre de mots compris par un enfant à l'entrée du CP varie de 600 à 1 800, on mesure l'ampleur des inégalités en jeu qui ne rendent que plus cruciales les premières années de scolarité des jeunes enfants. D'où ma proposition d'abaisser l'âge de la scolarisation obligatoire à trois ans. L'école maternelle est une école à part entière qui devrait être vécue comme telle par l'ensemble des familles.

Néanmoins, bien que gratuite, ouverte à tous et animée par d'excellents maîtres aussi qualifiés que ceux du primaire, l'école maternelle n'est peut-être pas, malheureusement, suffisante pour garantir l'épanouissement futur de certains enfants issus de milieux particulièrement défavorisés. Comme l'explique Eric Maurin, « les rares

Pour une société de l'intelligence partagée

études disponibles sur la réussite à l'école maternelle suggèrent que les inégalités cognitives entre
élèves sont non seulement d'emblée extrêmement
importantes mais ont ensuite tendance à *s'accentuer*. Les jeunes enfants, profitent d'autant mieux
de l'enseignement des maîtres qu'ils bénéficient
par ailleurs de conditions de vie satisfaisantes [1] ».
Aussi bien je propose le renforcement de l'encadrement. Dans certaines écoles maternelles, le
nombre des enfants devrait être réduit à 10 ou 15.
L'éducation sur mesure et les mesures ciblées
s'imposent à cet âge pour vaincre les détermi-
nismes sociaux et culturels. Face à une telle situation de dislocation sociale et économique, le rôle
de la puissance publique doit être plus fort
aujourd'hui que naguère. C'est tout le temps de
l'enfance qui doit être pris en charge par l'Etat,
les collectivités locales et les associations popu-
laires. Du matin au soir. Tout au long de leur scolarité et pendant les vacances. Ce n'est qu'à ce
prix que l'on pourra lutter avec efficacité contre
l'échec scolaire des enfants.

---

1. Eric Maurin, *Le Ghetto français, Enquête sur le sépara-
tisme social*, Seuil/La République des idées, 2004.

A cet égard, et quoique je n'ignore pas à quel vide ils tentent de suppléer dans une société insuffisamment pourvue de protection sociale où le marché dicte ses lois, certains programmes d'aide américains axés sur les très jeunes enfants et les adolescents me semblent riches d'enseignements. Fondés en partie sur les travaux du Prix Nobel J. Heckman qui a démontré l'importance de la formation des très jeunes enfants, les évaluations auxquelles ils ont donné lieu ont prouvé que l'efficacité de l'éducation était plus élevée pour ceux qui ont de faibles capacités d'apprentissage et de socialisation que pour ceux dotés de capacités élevées.

Le plus intéressant à ce titre est le *Perry Preschool Program* (PPP) mis en œuvre dans l'Etat du Michigan depuis 1962, et qui a pour but de développer les capacités intellectuelles d'enfants entre 3 et 4 ans selon un protocole précis : l'encadrement préscolaire des enfants se fait tous les jours sauf le week-end pendant deux heures et demie ; un adulte prend en charge 6 enfants et le programme dure deux ans. Evaluée sur un groupe de 123 enfants de milieux défavorisés et à faible

Pour une société de l'intelligence partagée

quotient intellectuel qui ont été suivis jusqu'à l'âge de 27 ans, l'efficacité de ce programme a été prouvée tant en termes d'insertion sociale que de gains salariaux. Devenus adultes dans les années 90, la majorité des bénéficiaires gagnent plus de 2 000 dollars par mois et l'impact à long terme sur les bénéfices sociaux se révèle aussi considérable, tant sur l'économie des transferts sociaux que sur le nombre d'incarcérations évitées. Il faut néanmoins insister sur trois conditions du succès : une cible étroite, un appui familial *ad hoc* et un budget important. D'autant plus efficace que la population bénéficiaire est soigneusement choisie, ce dernier point est décisif : le coût annuel par personne du PPP (15 000 dollars) est près de quatre fois plus élevé que celui d'un élève de l'école primaire française dont on sait qu'il est important (4 000 euros).

Pourtant, un autre projet américain de soutien périscolaire représentant un moindre effort budgétaire par enfant (6 000 dollars) semble porter également ses fruits. Il s'agit du projet *Head Start*, mis en œuvre à la fin des années 60 et pour lequel tous les enfants de moins de 5 ans vivant dans des familles à bas revenus sont *a priori* éligibles. Quoique dans les faits un tiers seulement des enfants en bénéficient, Eric Maurin rapporte que « la dernière évaluation disponible de *Head Start* met néanmoins en évidence des effets très importants sur la qualité des scolarités (particulièrement chez les bénéficiaires blancs) ainsi que sur le risque de devenir délinquant (particulièrement chez les bénéficiaires noirs). Les bénéficiaires achèvent bien plus souvent leurs études secondaires que les autres et tentent beaucoup plus fréquemment leur chance à l'Université. Les effets varient beaucoup d'une sous-population à l'autre, mais sont souvent considérables ».

Point important : les rendements de ces dispositifs ne sont pas seulement bénéfiques pour les enfants mais ont également un impact sur l'ensemble de leur famille. De même qu'une personne qualifiée a, dans une entreprise, un effet d'entraînement qualitatif sur ses collègues, un enfant formé et éduqué peut favoriser l'insertion socio-économique de sa parentèle et de sa fratrie. D'où l'intérêt supplémentaire de ces programmes à destination des jeunes enfants et adolescents.

Pour mieux aider les élèves, il ne faut pas non plus hésiter à associer les parents. Dès 1992, j'avais initié une charte de l'accompagnement à la scolarité pour donner la possibilité aux parents d'intégrer leurs demandes et leurs besoins. Il faudra aller encore plus loin en créant une véritable école des parents qui permette d'assurer pleinement avec eux une mission de co-éducation. Des initiatives que le gouvernement Jospin avait fortement soutenues en direction des parents doivent être généralisées. Des écoles de l'académie de Lille ont ainsi monté des programmes où les parents bénéficient d'une alphabétisation dans la même école que leurs enfants. Les apprentissages se mènent alors de concert. Si les premiers n'ont pas à se substituer aux maîtres, ils peuvent être d'utiles relais pédagogiques.

L'école élémentaire n'est pas le seul lieu clé où le service public de l'éducation permet de proposer aux enfants ce que leurs familles ne peuvent leur donner. Malgré l'hétérogénéité des niveaux, le collège a su lui aussi répondre au défi de la scolarisation de masse. Le collège républicain est ouvert sans discrimination d'aucune sorte à tous les jeunes en France depuis 1975. Il a contribué à l'élévation du niveau de qualification de la population française : près de 80 % des enfants de 15 ans sont en troisième ou dans des classes supérieures. En vingt ans, la progression des bacheliers est passée de 25 % à 62 %.

L'institution scolaire doit toujours donner la possibilité à un enfant en difficulté de rebondir. De comprendre quels sont ses talents, ses capacités. Ses handicaps momentanés aussi. Une école de la réussite pour tous est une école qui donne toujours une nouvelle chance aux élèves en rupture scolaire. Qui évite la déscolarisation et la marginalisation sociale. Et qui assure une véritable mixité sociale [1] !

L'évaluation régulière du niveau des élèves est le meilleur moyen pour lutter contre les

---

1. Jean Hébrard, « La mixité sociale à l'école et au collège », rapport remis au ministre de l'Education nationale, mars 2002.

décrochages précoces. A chaque étape de la scolarité, il faut apprécier les progrès accomplis et mieux tenir compte des difficultés mesurées. Les élèves ont besoin de prendre la mesure de leur parcours, des acquis mais également de leurs manques. Il s'agit de faire régulièrement le point pour mieux les aider et non pour mieux les éjecter. Ou pire : attendre qu'il soit trop tard. Ce sont ces 15 % de non-diplômés à l'issue de la scolarité obligatoire sur lesquels nous devons notamment faire porter nos efforts.

Dans cette optique, j'avais identifié trois voies de remédiation. Une voie prioritaire prenant en compte les difficultés dans le cadre des enseignements communs. Une seconde voie qui permet de regrouper les élèves ne maîtrisant pas totalement les compétences exigibles pour réussir en sixième. Enfin, une troisième voie réservée aux élèves dont les difficultés sont les plus lourdes. J'ai ainsi permis une première évaluation des acquis à l'entrée en sixième, puis au début de la cinquième. Avant l'évaluation dans le cadre du brevet en fin de troisième s'intercale une évaluation à la fin de la classe de quatrième.

Mais quelles que soient les trois voies de remédiation proposées, il faut préférer des pratiques « d'inclusion » à celles d'exclusion des établissements scolaires. Le collège doit rester le lieu par excellence du brassage social et culturel. Selon la belle expression de François Dubet, le collège accueille tous les jeunes « sous un toit unique ». Il ne peut en aucun cas se transformer en centre de tri. Cette haute ambition pour le collège n'est pas partagée par tous. En décidant l'apprentissage dès l'âge de 14 ans, la droite a délibérément choisi la voie de l'exclusion.

La remise en cause de l'âge de la scolarisation obligatoire à 16 ans par Dominique de Villepin marque un véritable virage idéologique. Pour la première fois, un gouvernement a décidé de tirer un trait sur la politique de démocratisation instaurée depuis les années 50. Comme le souligne très justement Emmanuel Davidenkoff, « plutôt que d'aider les personnels à dépasser un sentiment d'échec de plus en plus délétère au fil de la dégradation des conditions d'enseignement et du niveau des élèves en français ou sciences, le gouvernement a fait le choix de renoncer face à l'ampleur, il est vrai titanesque, de la tâche [1] ».

Même baptisé « apprenti junior » jusqu'à l'âge de 15 ans, le jeune de 14 ans est *de facto* éjecté du parcours scolaire commun des élèves. Qui peut croire un instant à la liberté laissée aux jeunes de pouvoir reprendre quand ils le souhaitent le chemin de l'enseignement classique? Qui peut se laisser duper par la notion de volontariat? L'apprentissage junior, c'est en fait la déscolarisation précoce pour tous les élèves issus de milieux défavorisés. C'est un voyage sans espoir de retour vers le cursus ordinaire.

L'exemple allemand aurait pourtant dû alerter le gouvernement. Toutes les études montrent que les apprentis les moins qualifiés sont les premiers à se retrouver au chômage, faute de formation initiale nécessaire à l'acquisition de savoirs plus complexes. Il n'est pas étonnant que les premiers à avoir vivement réagi à la décision du gouvernement d'abaisser l'âge de la scolarité obligatoire aient été les chambres de commerce et les représentants des organisations d'artisans, blessés de voir

---

1. Emmanuel Davidenkoff, « Formation à 14 ans : l'école capitule », *Libération*, 30 décembre 2005.

assimiler leur métier à l'échec. Alors que le monde des PME et PMI se bat depuis de nombreuses années pour revaloriser leurs professions, le gouvernement brise net par idéologie tous leurs efforts.

A contre-courant de toutes les recommandations de l'OCDE et de pays comme les Etats-Unis, qui poussent la scolarisation parfois, dans certains Etats, jusqu'à 20 ans, le gouvernement fait un calcul à courte vue. Pour faire face à la modernisation accélérée de son économie, notre pays doit être en mesure de former des salariés suffisamment qualifiés. Les chefs d'entreprise ont besoin de recruter des apprentis qui sauront s'adapter aux évolutions technologiques, des jeunes capables de prendre leur suite. Savoir lire, compter et écrire ne peut suffire. Le « SMIC culturel » que le gouvernement souhaite généreusement offrir à ses apprentis juniors ne leur permettra pas d'acquérir de nouveaux savoir-faire et de se former tout au long de leur vie professionnelle. Le devoir de la gauche tout entière est d'apporter une autre réponse politique à l'échec scolaire. Quatorze ans, c'est l'âge de la construction de la personnalité. La mission de l'école est de donner confiance à tous les élèves, de permettre de révéler tous les talents. L'adolescent de 14 ans doit pouvoir choisir dans le cadre du collège, un et multiple, son propre chemin de réussite. Comme le permettent les itinéraires de découverte initiés par le gouvernement Jospin, sa voie peut être artistique, scientifique, pratique ou littéraire. L'orientation doit être choisie et non contrainte. Au lieu d'exclure de l'école des jeunes de 14 ans, il faut au contraire être imaginatif : diversifier les voies d'excellence au collège, favoriser en milieu scolaire les pédagogies de l'alternance et surtout bâtir une véritable politique de l'adolescence [1]. Cette lutte en faveur de la réussite à l'école doit évidemment se pour-

---

1. Ministre de l'Education nationale, j'ai créé en mars 2001 auprès de moi un Comité de l'enfance et de l'adolescence présidé par Marie Choquet, directrice de recherche à l'INSERM et comprenant des personnalités reconnues comme Catherine Dolto, médecin, Philippe Jeammet, pédopsychiatre et professeur à l'Université Paris VI, Xavier Pommereau, responsable du centre Abadie (CHU de Bordeaux) et Patrick Baudry, professeur à l'Université Bordeaux III.

suivre au lycée dont il faudra assurer un profond renouveau au cours des prochaines années [1].

L'exemple américain des *Job Corps* fonctionnant depuis 1964 pour les jeunes de 16 à 24 ans en situation d'échec scolaire semble là encore instructif. Durant en moyenne huit mois, comprenant un internat et fonctionnant à travers des cours, des stages d'apprentissage, ainsi qu'un encadrement dans un large éventail d'activités périscolaires, ce programme prend en charge 60 000 jeunes par an mais s'avère comme les autres très onéreux : 16 500 euros par personne, soit plus de deux fois le coût d'un élève français du secondaire. Néanmoins, la procédure d'évaluation dont il a fait l'objet au milieu des années 90 donne à réfléchir. D'après Pierre Cahuc et André

---

1. Dans cet esprit, le rapport de Madame Nicole Belloubet-Frier « 30 propositions pour l'avenir du lycée » que j'avais commandé en 2002, préconise de recentrer les missions de l'enseignement secondaire – tant dans les filières générale et technologique que dans la voie professionnelle. Ce rapport fait des propositions très concrètes sur les nécessaires interfaces collèges-lycée et lycée-enseignement supérieur, sur les structures du cycle terminal du lycée et sur les moyens d'assurer une réelle fluidité des parcours scolaires.

Pour une société de l'intelligence partagée

Zylberberg, quatre ans après leur sortie, « les adolescents passés par les *Job Corps* obtiennent des revenus de 12 % plus élevés à la fin de la quatrième année. Ils chutent moins dans la délinquance : leur taux d'arrestation est inférieur de 16 % à celui des jeunes appartenant au groupe témoin n'ayant pas bénéficié du programme [1] ».

Bref : je crois de toutes mes forces que de l'école au lycée, tout élève en difficulté, à tout âge, a droit à une deuxième chance et même une troisième chance et une quatrième chance ! C'est la clé de l'accès de l'emploi. Si la droite choisit délibérément d'ajouter de l'exclusion à l'exclusion, la gauche fait le choix inverse. Nous savons que l'on ne peut combattre le chômage sans au contraire imaginer une autre « société de la solidarité ».

---

1. Pierre Cahuc et André Zylberberg, *op. cit.*

CHAPITRE 3

Pour une société de la solidarité

Le débat sur le travail non qualifié est plein de chausse-trapes idéologiques. Je voudrais cependant l'aborder en faisant prévaloir un point de vue de gauche.

Combattre le chômage en éradiquant l'échec scolaire à la source et en augmentant le nombre d'individus qualifiés et diplômés est un objectif de moyen et long terme. En attendant, nous avons le devoir de mettre en œuvre des mesures volontaristes permettant aux travailleurs aujourd'hui laissés sur le bord du chemin de trouver un emploi.

A cet égard, je voudrais insister sur trois types d'action : la stimulation de l'emploi non qualifié, le soutien à la sortie du chômage, ainsi que le combat contre la stigmatisation des seniors et des jeunes sur le marché du travail.

QUATRIÈME CHANTIER :
Combattre le chômage en subventionnant
le travail non qualifié

Aujourd'hui, en France, persiste un important chômage structurel que les politiques de relance ne parviennent pas à entamer et qui concerne les personnes non qualifiées en général et les jeunes en particulier (je rappelle que 60 000 d'entre eux sortent chaque année du système éducatif sans diplôme). Les mécanismes spontanés du marché ne permettent pas de résorber ce chômage. Aider ces emplois entraînerait-il une diminution de la productivité par tête et maintiendrait-il des emplois, des entreprises ou des secteurs qui devraient normalement disparaître dans le processus « schumpeterien » de la croissance destructrice et créatrice ? Le problème est à cet égard très bien formulé par Thomas Piketty : « Dans le long terme, écrit-il, la plupart des emplois peu quali-

Pour une société de la solidarité

fiés que les allègements de charges s'acharnent à préserver (ou à créer) auront probablement disparu ; mais si on les détruit trop vite, alors on condamne des centaines de milliers de personnes à vivre en dehors du marché du travail officiel [1]. »

*

Pourquoi y a-t-il un tel niveau de chômage parmi les travailleurs non qualifiés ? Les économistes répondent : parce que le prix du travail peu qualifié est en France plus élevé qu'ailleurs et pénalise donc l'emploi des personnes non qualifiées. Ce n'est pas le niveau trop élevé du Smic comme *salaire* qui est en cause, disent-ils, mais le niveau de charges sociales pesant sur son *coût global*. Si le niveau du Smic est nettement plus élevé en France qu'aux Etats-Unis par exemple, les pouvoirs d'achat des salaires minimum français et américains redeviennent proches si on les calcule nets. Dès lors – c'est ma première conclusion à ce stade – toucher au salaire net du smicard serait socialement injuste et économiquement

---

1. Thomas Pïketty, commentaire au rapport d'André Gauron, « Formation tout au long de la vie », *op. cit.*

absurde car on réduirait la consommation. Il faut même accroître le salaire net, j'y reviendrai. Mais, disent encore les économistes, il faut en même temps stimuler l'embauche en baissant ce prix total. Car si on ne le fait pas, que se passera-t-il ?

Il se produira une substitution entre le travail non qualifié et le travail qualifié d'une part, entre le travail non qualifié et le capital d'autre part. Au lieu d'embaucher trois ou quatre pompistes, les stations-service installent des pompes automatiques et un technicien pour les surveiller !

Pour le dire autrement, « lorsque les entreprises peuvent utiliser différentes combinaisons productives, une hausse du coût du travail les incite à sélectionner des techniques de production plus économes en travail et plus intenses en capital. Ce processus est d'autant plus puissant que l'élasticité de substitution entre facteurs est élevée [1] ».

Voilà pourquoi nous sommes les champions du monde de stations-service sans pompistes,

---

1. Jean Pisani-Ferry, *op. cit.*

110

d'hôtels sans réceptionnistes, de magasins quasiment sans vendeurs, etc. [1].

Comment alors traiter cette question du prix trop élevé du travail non qualifié?

C'est là, me semble-t-il, que divergent stratégies libérales et stratégies sociales-démocrates.

La droite a essentiellement procédé de deux manières. D'abord, elle a essayé de faire baisser le salaire lui-même avec le CIP, autrement dit le « Smic jeunes » d'Edouard Balladur. Ensuite, elle a consenti aux employeurs de significatives baisses de charges sociales sur les bas salaires.

Ces allègements sont-ils efficaces? A certains égards, oui.

Quoique les instruments de mesure divergent, on estime à 460 000 [2] les emplois créés ou sauvés de la destruction grâce aux dispositifs succes-

---

1. Voir Thomas Piketty, « Les créations d'emploi, en France et aux Etats-Unis : services de proximité contre petits boulots », *Les Notes de la Fondation Saint-Simon*, n° 93, 1997.
2. Ce chiffre est une moyenne, les estimations variant entre 255 000 et 670 000.

sifs dans les années 90, la moitié de ces emplois étant des emplois non qualifiés.

Sur la base d'une étude réalisée avec un échantillon de 90 000 entreprises [1], il apparaît que les entreprises qui ont le plus bénéficié de ces allègements sont celles dont la proportion de bas salaires dans l'emploi total est la plus importante. Ces emplois les moins rémunérés sont occupés par des travailleurs peu qualifiés, et en particulier des jeunes, deux catégories constituant le talon d'Achille de l'emploi français. Les entreprises ayant le plus gagné à ces allègements de charges sont principalement de petite taille et opèrent dans le secteur tertiaire. Ces dispositifs ont ainsi permis de compenser, de manière indirecte, les inégalités relatives à la formation qui, comme nous l'avons vu précédemment, sont particulièrement fortes en France au détriment des ouvriers et employés des petites structures. Enfin, cette étude a montré qu'en créant des emplois les allègements de charges sociales sur les bas salaires

---

1. Brunon Crépon et Rozenn Desplatz, « Une nouvelle évaluation des effets des charges sur les bas salaires », *Economie et Statistique*, n° 348, 2001.

ont engendré de nouvelles rentrées fiscales ainsi que des économies de versement d'allocations chômage et de minima sociaux.

Alors pourquoi ne pas reprendre tout simplement ces allègements à notre compte ? Parce qu'un allègement sec nous paraît tout à fait insuffisant comme instrument de régulation.

Il faut en effet subventionner le travail non qualifié car environ un million de chômeurs sont concernés.

Quoique nous ressentions une impérieuse nécessité d'alimenter la croissance par l'investissement massif dans les secteurs et les emplois d'avenir, nous devons en même temps accepter des mesures momentanément défavorables à la productivité apparente mais qui semblent de nature à améliorer le sort des plus défavorisés : ces chômeurs connaissant à la fois le manque de qualification et les plus longues durées de chômage.

Mais il faut le faire en exigeant des contreparties. Autrement dit : il faut contractualiser cette stratégie.

Avant de conclure sur ce point, un mot du transfert des cotisations patronales vers une taxe sur la valeur ajoutée. Présentée au milieu des années 90 par l'économiste très libéral Gérard Maarek, cette proposition a été faite sienne par la gauche avant d'être reprise par Jacques Chirac à la fin de l'année dernière.

Je ne suis pas complètement convaincu car cette proposition reviendrait à faire financer par des secteurs fortement dynamiques et productifs (ceux qui tirent la « croissance ») les secteurs employeurs de main-d'œuvre, et pénaliserait surtout l'investissement. Pour ma part, je préférerais un « contrat pour l'emploi », passé avec toute branche ou entreprise qui l'accepterait.

L'accord gagnant pour tout le monde serait le suivant : une baisse des cotisations importante mais dégressive avec le niveau de salaire pour éviter tout effet pénalisant de seuil. En contrepartie, un engagement contractuel par les entreprises bénéficiaires en termes de volume d'emplois et de formation des salariés pour ne pas les condamner *ad vitam aeternam* aux emplois « d'entrée de grille ». Ainsi donc, les chômeurs trouveraient des emplois, les salariés bénéficieraient de plus de formation et les entreprises amélioreraient leur situation économique et financière.

114

Pour une société de la solidarité

Combattre le chômage en garantissant un certain niveau de revenu pour le retour à l'emploi

Alors que notre Etat-providence fait l'objet à l'intérieur de nos frontières comme à l'étranger de nombreuses attaques, que notre « modèle social » subit les coups de boutoir de ceux qui sont de plus en plus nombreux à penser qu'il n'en est plus un, je tiens à dire haut et fort que l'existence en France de nombreux mécanismes de redistribution est, au contraire, tout à l'honneur de notre pays. Contribuant à réduire fortement le nombre de personnes menacées de pauvreté, notre système de transferts sociaux fait de la France (avec la Suède) le pays d'Europe où leur impact est le plus fort. Grâce à eux, notre taux de pauvreté a chuté de plus de six points depuis 1970. Mais bien entendu, le fait que notre pays se classe mieux que d'autres en termes de pauvreté n'est qu'une piètre consolation...

Grande et nécessaire initiative de la gauche en 1988, le RMI répondait à l'objectif de procurer un revenu minimum aux « nouveaux pauvres » nés du chômage de plus longue durée constaté dans les années 80. En ce sens, il a bien rempli sa mission. Mais ne nous voilons pas la face, le dernier terme du sigle – l'insertion – a toujours été le maillon faible du dispositif. Je ne veux pas chercher à tout crin des contrastes idéologiques mais sur ce sujet, comme sur celui du « coût » du travail, à partir d'un constat qui peut être partagé, les mesures diffèrent selon qu'elles sont de droite ou de gauche.

*

Il est évident que, pour les plus démunis des chômeurs, placés tout en bas de l'échelle des revenus, revenir vers un emploi a un coût. Je parle des chômeurs qui vivent d'allocations diverses et ne peuvent espérer que des salaires peu élevés : Smic à temps plein ou à mi-temps. Pour le dire vite, outre qu'une éventuelle embauche leur fait perdre certaines aides et suspend même pour les ménages surendettés les procédures d'allègement ou de suspension desdites dettes, elle occasionne des frais supplémentaires comme la garde des enfants et les transports. Ce n'est pas comme le dit une certaine

Pour une société de la solidarité

opinion de droite qu'ils *choisissent* de rester au chômage : c'est qu'ils sont condamnés à y demeurer car les emplois qu'on leur propose sont trop peu rémunérés pour maintenir leur niveau de vie déjà difficile.

Suite au mouvement des chômeurs de l'hiver 1997-1998 et du rapport Joint-Lambert qui a suivi, la question des incitations au travail a fait l'objet d'un débat public et la gauche s'en est préoccupée dès son retour au gouvernement. Visant à la revalorisation du travail, divers mécanismes ont été mis en place, consistant en de nombreux aménagements fiscaux qui équivalent *grosso modo* à verser un supplément de salaire à toute personne retrouvant un emploi : modification du système d'intéressement incluse dans la loi Aubry, nouvelles règles d'exonération de la taxe professionnelle, aide à la reprise d'activité des femmes, unification des aides au logement et création de la prime pour l'emploi en 2001.

Si le toilettage des aides aux travailleurs pauvres fut d'une envergure sans équivalent depuis la création du RMI, il est aujourd'hui souhaitable de procéder à un examen critique des principales mesures toujours en vigueur.

Depuis 1998, l'« intéressement » permet aux allocataires du RMI de le cumuler avec la totalité de leurs revenus d'activité pendant trois mois, puis avec la moitié durant les neuf mois suivants. Mais il s'agit d'un avantage financier temporaire contrebalancé négativement par le fait que 70 % des sorties de RMI se font vers des emplois à durée déterminée (un quart d'entre elles durent moins de six mois). Il faut être audacieux pour prendre le risque de perdre le bénéfice de transferts, se retrouver peut-être bien vite au chômage et devoir réengager alors de lentes et lourdes procédures administratives pour les retrouver.

Par ailleurs, la prime pour l'emploi, qui consiste en un crédit d'impôt au profit des personnes dont les revenus d'activité sont compris entre 0,3 et 1,4 Smic (soit un foyer sur quatre), a des barèmes trop complexes et insuffisamment ciblés. Ce qui a été confirmé par bon nombre d'études, notamment celle qu'ont menée en 2002 les économistes Denis Anne et Yannick L'Horty[1] concernant l'impact des transferts locaux sur le retour à l'emploi.

---

1. Denis Anne et Yannick L'Horty, « Transferts sociaux locaux et retour à l'emploi », *Economie et Statistique*, n° 357-358, 2002.

Pour une société de la solidarité

Dans un échantillon pertinent de 10 villes [1] et pour 6 configurations de ménage [2], cette étude a comparé les différences entre les gains issus des divers régimes de solidarité et ceux que procurerait un emploi payé au niveau du Smic. L'innovation consistait ici dans la prise en compte des transferts locaux plus méconnus que les prestations nationales. Versés par les départements, les communes, les caisses d'allocations familiales locales et les associations locales, ils peuvent concerner aussi bien les crèches, la restauration scolaire, les aides au transport et à la mobilité, que les dégrèvements de taxes d'habitation, les aides à la formation, la prise en charge des factures d'eau, de gaz et d'électricité ou encore les bons vacances, les tickets loisirs, les banques alimentaires et les bourses aux vêtements. Mais dans l'ensemble, ce sont les aides à l'enfance et au logement qui priment.

Qu'en déduisent alors nos auteurs ?

---

1. Amiens (Somme), Arras (Pas-de-Calais), Belley (Ain), Evry (Essonne), Le Mans (Sarthe), Lyon (Rhône), Marseille (Bouches-du-Rhône), Paris XVe et XIXe, Pecquencourt (Nord).
2. Célibataire, famille monoparentale avec un enfant, couple sans enfant, couple avec un, deux et trois enfants.

Premier résultat : pour un ménage sans revenu d'activité, les ressources tirées d'aides nationales représentent 12 400 € par an et les transferts locaux ajoutent en moyenne pour toutes les configurations familiales plus de 3 400 € par an. Ces aides locales représentent plus d'un cinquième des ressources d'un ménage qui bénéficierait de la totalité des prestations auxquelles il a droit, et les revenus tirés des aides nationales s'en trouvent accrus de plus du quart. Mais les montants des transferts locaux et l'accroissement correspondant sont proportionnellement plus importants dès lors que les ménages ont des enfants : 3 600 € pour un enfant (que la famille soit monoparentale ou pas), 4 400 € et 5 400 € pour les couples avec respectivement deux et trois enfants. Ainsi, on remarque une nette amplification de l'effet des transferts nationaux en faveur des familles avec enfants.

On retrouve d'ailleurs un même avantage au profit de ces familles dès lors qu'on calcule combien de temps les ménages bénéficiant d'aides devraient travailler pour gagner autant – et c'est la deuxième conclusion importante de cette étude : ce sont les couples avec deux enfants qui doivent travailler le plus longtemps pour obtenir des revenus supérieurs à ceux issus du régime local et national de solidarité. Cette conclusion s'applique à tous les couples ayant au moins un enfant. Si les couples sans enfants échappent de peu à ce désavantage, seul un célibataire sans enfant trouverait son compte à gagner le Smic puisqu'il augmenterait son revenu à partir de 24 heures travaillées hebdomadaires. Quant à prendre un emploi à mi-temps payé par conséquent un demi-Smic, personne n'y trouve avantage.

Que conclure ? Qu'il faut démanteler ces dispositifs sociaux ? Absurde, inique, inhumain même, c'est pourtant le point de vue des ultralibéraux. Faut-il alors augmenter la rémunération des bas salaires ? Bien sûr. Mais l'exercice trouve aussi ses limites comme on l'a vu plus haut. D'où l'idée, volontariste et solidaire, d'augmenter « artificiellement » le revenu de ceux qui prennent un emploi – c'est-à-dire, au fond, de poursuivre pour un temps l'allocation solidaire.

Mais commençons par analyser l'efficacité des dispositifs existants.

Vaincre le chômage

*

Si les Etats-Unis et le Royaume-Uni sont très loin de constituer pour nous un modèle en matière de politique d'emploi, ils ont cependant tenté depuis plusieurs années des expériences dans le domaine des incitations à la reprise d'activité dont les évaluations méritent d'être étudiées. L'un et l'autre ont mis en place des crédits d'impôts (ou « impôts négatifs ») aux barèmes conçus pour que les ménages acceptant un travail faiblement rémunéré bénéficient d'une ristourne fiscale. Mais à la différence de notre prime pour l'emploi, le *Earned Income Tax Credit* (EITC) américain et le *Working Families Tax Credit* (WFTC) britannique ciblent tous deux les ménages comprenant au moins un actif et un enfant pour des résultats extrêmement probants.

Concernant un foyer sur cinq (soit 20 millions de foyers américains) à la fin des années 90, l'EITC est susceptible d'accroître de 40 % les revenus des ménages ayant au moins deux enfants et dont un membre travaille à plein temps au niveau du Smic. Il a eu un effet particulièrement efficace sur le taux d'emploi des femmes célibataires âgées de 16 à 45 ans ayant un ou plusieurs enfants à charge. Suite au relèvement de son plafond de 4 000 $ par l'administration Clinton en 1993, il s'est en effet accru de plus de 13 points, passant de 73,7 % à 86,6 % entre 1992 et 1998. Mieux : il a eu des résultats spectaculaires sur le taux d'activité des 25 % des femmes les plus pauvres, qui est passé de 30 à 50 %. J'insiste sur ce point car il doit être rapproché de deux données qui intéressent spécifiquement la France. D'une part, selon une étude de 2001 et compte tenu de notre système actuel de lutte contre les trappes à inactivité, « les personnes sans conjoint qui sont le plus incitées à retrouver un emploi sont les femmes avec un enfant de moins de trois ans [1] ». De l'autre, sachant qu'un enfant français vivant dans une famille monoparentale a deux fois plus de risques d'être pauvre que celui qui vit avec ses deux parents et que la monoparentalité incombe majoritairement aux femmes, il apparaît clair que nous devons attendre le meilleur de mesures axées sur la catégorie des femmes pauvres élevant seules

---

1. Cyrille Hagneré et Alain Trannoy, « L'impact conjugué de trois ans de réforme sur les trappes à inactivité », *Economie et Statistique*, n° 346-347, 2001.

leurs enfants. C'est une question à la fois d'efficience et d'équité.

Quant au WFTC qui profite à un foyer britannique sur vingt, il est à la fois plus finement ciblé que son homologue américain et encore plus généreux, puisque dans le cas d'un foyer dont l'un des adultes travaille 16 heures par semaine et perçoit un revenu brut hebdomadaire de 57,6 £, l'aide peut se monter à 92 £, soit 160 % du revenu brut.

Un autre exemple a été fourni par une étude canadienne citée par Thomas Piketty [1] : il s'agit du *Self-Sufficiency Project* mené en 1992 sur 6 000 familles monoparentales vivant dans les Etats du Nouveau-Brunswick et de la Colombie-Britannique de minima sociaux. Un an plus tard, 30 % des 3 000 personnes qui s'étaient vu proposer un transfert fiscal mensuel (de 500 à 1 000 $ supplémentaires) si elles trouvaient un emploi à plein temps, en occupaient effectivement un.

———————

1. Thomas Piketty, « L'impact des incitations financières au travail sur les comportements individuels : une estimation pour le cas français », *Economie et Prévision*, n° 132-133, 1998.

Conclusion de toutes ces expériences étrangères ?

De même que les programmes de tutorats en faveur des jeunes enfants des milieux défavorisés dont j'ai déjà proposé que nous nous inspirions ont fait la preuve de leur efficacité à condition de cumuler haut niveau de dépenses et choix ciblé de l'échantillon de la population bénéficiaire, les aides à la reprise d'activité ne font la preuve de leur efficacité qu'aux mêmes conditions.

La France a déjà montré *a contrario* sa capacité à instaurer un système qui a exactement rempli son objectif. Je veux parler ici de l'allocation parentale d'éducation (APE) instaurée en 1985-1987, et qui procurait une prime mensuelle de 3 000 francs aux mères de 3 enfants acceptant de se retirer de la vie active. Etendue en 1994 à celles de 2 enfants, la mesure a parfaitement porté ses fruits puisque le taux d'emploi des femmes concernées a chuté de plus de 11 points en trois ans.

Je ne discuterai pas ici du bien-fondé de cette mesure (prise aussi pour des raisons de politique familiale) dans le cadre de la stratégie macroéconomique, mais souhaite simplement insister sur son enjeu : capables de mettre au point un puissant dispositif de rémunération de l'inactivité, pourquoi ne serions-nous pas capables d'en faire autant pour l'activité ?

Le système fiscal actuel montre clairement que le niveau des taux marginaux d'imposition en bas de l'échelle des revenus est très élevé. Un fait que ni les actions vigoureuses de la gauche en 2000-2001, ni la création du revenu minimum d'activité (RMA) par la droite en 2004 n'ont substantiellement modifié. En d'autres termes, l'impôt sur les revenus du travail des « pauvres » demeure toujours plus dissuasif que l'impôt sur le travail des « riches ». Ceci est inacceptable et prouve avec éclat que les réformettes doivent enfin laisser place à une vraie réforme.

A rebours du gouvernement qui, dans son projet de loi relatif « au retour à l'emploi et au développement de l'emploi », réinvente l'eau tiède en ne proposant qu'un cumul salaire/ASS ou API ou RMI pendant 3 mois et se contente de réaménager sempiternellement les droits connexes attachés au statut des allocataires du RMI, je pense qu'il faut prendre autrement le taureau par les cornes et donc retenir avec force la proposition de

Pour une société de la solidarité

Roger Godino, qui fut un proche conseiller de Michel Rocard, l'« inventeur » du RMI.

Inspirée de l'EITC américain et du WFTC britannique, elle crée une allocation compensatrice de revenu (ACR).

Il s'agit de compléter les revenus du travail par une allocation ou un crédit d'impôt spécifique qui serait nul en cas d'absence d'activité, maximal au niveau de revenu correspondant à la sortie de RMI, pour devenir ensuite dégressif et s'annuler au voisinage d'un revenu correspondant à un Smic (pour une personne isolée) ou à deux Smic (pour un couple), voire un peu supérieur.

Selon François Bourguignon et Dominique Bureau, « un dispositif de type ACR apparaît donc comme une façon efficace d'éliminer le piège de pauvreté (...) tout en renforçant très significativement la progressivité de l'ensemble du système redistributif [1] ».

---

1. François Bourguignon et Dominique Bureau, « L'architecture des prélèvements en France : état des lieux et voies de réforme », rapport du CAE, La Documentation française, 1999.

Vaincre le chômage

Nous sommes tout près du revenu minimum d'existence, c'est-à-dire d'un rêve : celui du droit de chacun à un certain niveau de vie.

Nous verrons dans le dernier chapitre à partir de quelle stratégie fiscale une telle mesure pourrait être financée mais j'insiste encore une fois sur sa pertinence, tant la question de l'articulation des différentes mesures possibles de politique économique demeure cruciale, quels que soient les mérites propres des pistes envisagées.

SIXIÈME CHANTIER :
Combattre le chômage en favorisant l'activité des jeunes et des seniors

Réfléchir aux moyens de renouer avec une société de plein emploi n'implique pas seulement de réduire le chômage, mais d'agir sur l'inactivité des jeunes et des plus de 55 ans. Tous les pays qui ont réussi à vaincre le chômage ces dix dernières années (comme la Finlande, le Danemark, la Suède ou les Pays-Bas) ont relevé les taux d'activité des jeunes, des femmes mais aussi des plus de 55 ans, alors qu'en France l'embellie que nous avons connue sur le front de l'emploi en 1997-2000 a concerné tout le monde sauf les seniors.

C'est un point sur lequel je voudrais insister : s'il est *a priori* tentant de réduire le chômage en diminuant la population active, la réalité économique s'avère exactement contraire. Plus vous diminuez vos forces productives, plus vous diminuez vos capacités de croissance, et plus vous réduisez votre potentiel d'emplois, engageant ainsi une spirale négative. Il faut donc combattre à toutes forces ce malthusianisme d'un nouveau genre.

Pour lutter contre le chômage de masse, on sait que la France a fait le choix, à la fin des années 70, de diminuer la population active à ses deux extrémités, réduisant *de facto* l'offre de travail. Avec l'allongement des études d'une part, l'abaissement de l'âge de la retraite et la généralisation des préretraites de l'autre, le taux d'activité global des 15-64 ans était en l'an 2000 au même niveau que vingt ans plus tôt, voisinant autour de 60 %. Partout ailleurs, notamment aux Pays-Bas, la progression des taux d'activité allait de pair avec le reflux des taux de chômage.

Cette option française en faveur de l'inactivité n'a pas que du mauvais, loin s'en faut. Qui n'est favorable à une meilleure formation initiale des jeunes, plus longue et plus égalitaire? Et qui n'aspire à prendre une retraite bien méritée dès 60 ans? Simplement, c'est affaire de mesure, de contexte, mais surtout de choix et de libre-arbitre. La flexion des taux d'activité a été au-delà de ce que ces initiatives légitimes entraînaient. Aujourd'hui, l'allongement de la durée de la vie et le besoin de financement des systèmes solidaires de retraites par répartition ont amorcé une bombe à retardement dont nous devons nous saisir avant qu'elle n'explose. Et puis, qui pourra à l'avenir se contenter d'une vie professionnelle entre seulement 25 et 45 ans (catégorie actuellement ciblée par 90 % des offres d'emploi)? d'une demi-carrière rognée en son début et sa fin par des dispositifs désormais contre-productifs?

Mais si le temps des compromis malthusiens a vécu, la nouvelle donne doit nous rendre moins frileux qu'audacieux, imaginatifs et performants.

Pour une société de la solidarité

Les seniors

Il est devenu un lieu commun en France de penser qu'après 50 ans un salarié est au mieux en sursis, au pire « foutu » s'il a la malchance de perdre son emploi. Les témoignages sur ce point abondent ; la souffrance psychologique qui en résulte est bien connue de tous. De fait, premiers à être licenciés quand un plan social est lancé, derniers à être recrutés quand l'embauche est possible, ou encore injustement soupçonnés de « prendre » le travail des jeunes, les seniors sont les victimes d'une véritable spirale dépressive, les « moutons noirs » du marché du travail français. D'ailleurs, existe-t-il encore un « marché du travail » pour les plus de 50 ans ?

*

Levons d'emblée toute ambiguïté : la possibilité de la retraite à 60 ans est une des plus belles mesures prises par la gauche et rien ne justifie à mes yeux qu'elle soit remise en cause. Que ce point soit présent à l'esprit en lisant les lignes qui suivent. La question pour moi n'est pas de remettre en cause la retraite à 60 ans mais de combattre le chômage entre 50 et 60 ans !

Le taux d'activité français des 55-64 ans, qui est actuellement l'un des plus faibles des pays de l'OCDE (37 % contre 55,5 % au Royaume-Uni, 60 % au Danemark, 65 % aux Etats-Unis et près de 70 % en Suède), s'explique par trois raisons majeures : l'abaissement de l'âge de la retraite à 60 ans, la généralisation des préretraites et la discrimination dont ils sont victimes sur le marché du travail.

Nous ne vivons certes plus dans les années 80 qui ont vu 700 000 personnes (soit 3 % de la population active) bénéficier de préretraites pour un coût économique record et des bénéfices quasi nuls sur l'emploi, mais en 2002, les 55-59 ans en préretraite ou dispensés de recherche d'emploi atteignaient encore le chiffre de 500 000 (soit deux points de chômage). Conçus à l'origine pour accompagner la restructuration de secteurs en crise ou mettre fin à des métiers industriels particulièrement pénibles, les retraits d'activité anticipés sont devenus au fil du temps un véritable outil de gestion des ressources humaines dont les entreprises ont usé et abusé. Ceci est d'autant plus dommageable qu'ils dégradent l'employabilité des seniors et contribuent à leur stigmatisation. De plus, il a fallu, pour financer ces départs, augmenter les cotisations sociales, ce qui a renchéri *de facto* le coût du travail et donc augmenté le chômage. Quoique leur part dans la dépense publique pour l'emploi soit passée de 17 % en 1990 à 9 % en 1997, cette marche arrière des préretraites fut tardive et elle n'a pas totalement cessé en 2003-2005. En 2002, l'âge moyen de cessation d'activité d'un travailleur français était de 58 ans (contre 62,5 ans en 1968). Bien évidemment, notre mode de calcul des retraites auquel neutralité et justice font défaut a sa part de responsabilité dans le recours massif aux préretraites et j'en dirai un mot plus loin.

Pour l'heure, revenons plutôt à la discrimination dont les seniors sont victimes car elle est en France particulièrement édifiante, néfaste et injustifiée. Comme a pu s'en plaindre à juste titre Gérard Plumier, auteur de *Chômage senior, abécédaire de l'indifférence*, « les entreprises ne font pas de recrutement, elles font du tri ».

Actuellement, le taux de chômage des plus de 50 ans est de 14,5 %, auquel il faut ajouter les 400 000 inactifs non comptabilisés que représentent les dispensés de recherche d'emploi au-delà de 55 ans. Sachant qu'une personne de plus de 50 ans a entre 3 et 6 fois moins de chances d'être embauchée qu'un individu de 25 à 49 ans, on comprend aisément que tout incident de carrière se transforme en catastrophe et que l'intériorisation de la perte d'emploi comme irrémédiable soit particulièrement traumatique. A cet égard, la contribution dite Delalande instaurée en 1987, défendue par les syndicats et qui imposait une surtaxe aux entreprises licenciant des salariés âgés de plus de 50 ans s'est révélée contre-productive : les entreprises ont scandaleusement détourné l'esprit de la loi et n'ont pas joué le jeu en s'arrangeant, par exemple, pour licencier leurs salariés juste à la veille de leur cinquantième anniversaire !

Aussi, bloqués dans leur passage d'un secteur à un autre, d'un type d'entreprise à une autre, les seniors sont trop souvent prisonniers d'un cercle vicieux où leur insuffisante formation, à laquelle les entreprises ne remédient pas, les pousse à être licenciés plus souvent que les autres et à rester

Pour une société de la solidarité

par la suite sur le carreau. Pourtant, l'argument selon lequel la tertiarisation de l'économie et l'introduction des nouvelles technologiques les rendraient incapables de s'adapter ne résiste pas à l'examen du contre-exemple américain où l'utilisation des TIC est plus répandue : les taux de sorties de chômage sont outre-Atlantique sensiblement les mêmes pour les plus de 50 ans et les personnes d'âge médian. Il en est de même pour l'argument selon lequel les seniors seraient « trop chers » : preuve de leur désespoir ou de leur bonne volonté dans une société qui les exclut, une enquête réalisée en 1999 par le groupe Quincadres a montré que près de 7 seniors à la recherche d'un emploi sur 10 accepteraient une baisse de salaire [1]...

Néanmoins, ce que le préjugé, la norme sociale ou les représentations devenues hélas usuelles empêchaient de considérer différemment jusqu'ici, la tendance lourde de la démographie et la question subséquemment brûlante du financement des retraites la réactivent au centuple.

---

1. Enquête citée par Gérard Plumier, *Chômage senior, abécédaire de l'indifférence*, L'Harmattan, 2005.

135

*

Si l'on raisonne en termes de flux, la poursuite du départ à la retraite des « baby-boomers » dans les années prochaines induisant une diminution de la population active (– 50 000 actifs déjà en 2005) comme l'allongement de l'espérance de vie (+ 22 ans en 2005 et + 28 ans en 2040 pour les plus de 60 ans) impliquent un changement de cap. La part des 50-64 ans dans la population d'âge actif, qui de 23,6 % en 1990 est passée à 25 % en 2000 et atteindra près de 30 % en 2010, « rend économiquement et socialement indispensable une politique des fins de carrière qui se donne pour objectifs un relèvement du taux d'activité et une amélioration très sensible de l'accès à l'emploi des plus de 50 ans [1] ».

A l'heure actuelle, les débats sur l'allongement de l'âge de la retraite font rage dans l'Union européenne où le taux d'activité des 55-64 ans est de 40,5 %. Face au vieillissement démographique et à la crainte de voir les systèmes actuels de financement ingérables, les conseils de Lisbonne

---

1. Jean Pisani-Ferry, *op. cit.*

Pour une société de la solidarité

(2000) et de Stockholm (2001) se sont fixé l'objectif d'atteindre un taux moyen d'emploi des seniors de 50 %. Et nous ? Où en sommes-nous ? N'avons-nous pas, nous aussi, intérêt à favoriser l'emploi créateur de richesse plutôt que de financer l'inactivité ? Quelles solutions alors seraient susceptibles de relever les taux d'activité des seniors ?

J'en vois principalement trois.

Premièrement, il est indispensable d'envoyer un signal fort aux entreprises afin qu'elles comprennent que les subventions aux retraits d'activité sont révolues. Désormais possible, cette cessation de la mise à l'écart des travailleurs âgés doit être affirmée haut et fort comme irrévocable.

Deuxièmement, il faut modifier le calcul des pensions qui revient à pénaliser fortement ceux qui cotisaient au-dessous de 40 annuités, notamment les femmes aux parcours professionnels souvent plus courts et les jeunes qui auront commencé à cotiser tard pour cause d'entrée tardive dans la vie active induite par le chômage. Il faut également prendre en compte dans le mode de calcul la pénibilité des emplois passés. Inéquitable et inefficace, le système doit être réformé dans le sens d'une plus grande neutralité actuarielle pour les carrières incomplètes. Tout ceci serait de nature à rendre le travail beaucoup plus attractif et ne s'en articulerait que mieux avec la suppression des préretraites dont l'attrait comparatif serait *de facto* annulé.

Troisièmement, je suis favorable à la proposition du Parti socialiste d'offrir à tout salarié de plus de 45 ans (qu'il soit chômeur ou pas) un « contrat seconde chance » comportant un bilan de compétences, une qualification adaptée à ses aspirations et aux besoins des entreprises, une valorisation de ses acquis professionnels ainsi qu'un congé de formation d'autant plus long que ses études auront été plus courtes. Par ailleurs, il importe de développer par des politiques actives la formation et le placement des plus de 50 ans sous forme d'aides ou de subventions à l'embauche. Ceci implique aussi une vigilance accrue par rapport aux dispositions du Code du travail, notamment celle qui interdit l'affichage d'une limite d'âge supérieure dans les offres d'emploi. A l'heure où les révoltes des jeunes issus de l'immigration ont mis en lumière la discrimination à l'emploi dont ils font l'objet et réactivé le débat autour du CV anonyme et du « testing », pourquoi n'imaginerions-nous pas des mesures adéquates pour leurs aînés ?

Preuve que l'enjeu est désormais bien perçu dans notre pays, plusieurs entreprises ont lancé récemment en France des plans d'action, des chartes, des bilans de carrière spécifiques et des aménagements de postes ou de formation. C'est d'ores et déjà le cas chez Renault, Peugeot, Total, France 3 et le groupe aéronautique EADS.

Par ailleurs, les cinq confédérations syndicales et le Medef ont abouti en octobre dernier, au terme de plusieurs mois de négociations, à un projet d'accord sur l'emploi des seniors qui s'annonce d'emblée ambitieux puisqu'il vise l'objectif de faire passer leur taux d'emploi à 50 % en 2010. L'innovation la plus importante de cet accord concerne la création d'un *nouveau type de CDD*, réservé aux salariés de plus de 57 ans demandeurs d'emploi depuis 3 mois ou bénéficiant d'un reclassement personnalisé. D'une durée maximum de 18 mois renouvelable une fois, ce contrat déroge au Code du travail qui limite les CDD à 18 mois (renouvellement inclus) dans le but de fournir à ses bénéficiaires des droits supplémentaires en vue d'acquérir une retraite à taux plein. Soit. Mais une question demeure cependant en suspens : qu'apportera-t-il à ceux qui sont licenciés autour de la cinquantaine ?

Par ailleurs, les partenaires sociaux ont à juste titre demandé aux pouvoirs publics de modifier la contribution Delalande suite à un récent rapport des inspections générales des Affaires sociales et des Finances prouvant que 230 000 demandeurs d'emploi de plus de 50 ans viennent chaque année s'inscrire à l'assurance chômage alors que les entreprises ne versent la surtaxe que pour 30 000 d'entre eux (d'où un manque à gagner de 500 millions d'euros en 2004).

L'avenir dira ce qu'il adviendra de ces nouvelles initiatives dont la plupart ne sont pas encore mises en œuvre.

Je veux en revenir pour ma part à la situation des jeunes qui, comme leurs aînés mais d'une manière différente, est à bien des égards extrêmement défavorable et que seule une vigoureuse politique d'aides axée sur l'amélioration de leur « employabilité » peut inverser.

Pour une société de la solidarité

Les jeunes

Le chômage des jeunes, plus élevé chez nous que chez nos principaux voisins, est l'une des plus insupportables des injustices françaises. Comment espérer dans la société lorsqu'elle vous saborde ainsi vos premiers pas professionnels ? La réponse du gouvernement actuel – avec le CPE – ajoute l'injustice à l'inefficacité. Ce n'est pas en créant de la précarité que l'on résoudra la question du chômage des jeunes. Car la précarité, ils l'ont déjà ! Les entreprises les embauchent majoritairement en stages ou en CDD. C'est l'inverse qu'il faut faire : favoriser l'embauche des jeunes en allégeant, le cas échéant, son coût pour l'entreprise (à travers la baisse des cotisations). Mais en exigeant en contrepartie des entreprises de vrais emplois à temps plein et à durée indéterminée. De ce point de vue, les mesures des chapitres précédents sur la subvention aux emplois d'entrée de grille salariale ou sur la formation sont les premières réponses à cette question essentielle.

La société de solidarité que j'appelle de mes vœux dans la lutte contre le chômage se doit bien évidemment de faire une place aux jeunes surtout peu diplômés dont la situation à l'entrée du marché du travail est devenue à tous égards extrêmement préoccupante. Alors qu'ils ont bénéficié en moyenne d'une meilleure éducation, d'un allongement de leurs études et de la démocratisation de l'enseignement supérieur, leur entrée dans la vie active se révèle à beaucoup trop d'égards un parcours du combattant, voire une « mission impossible » pour les moins diplômés et les moins favorisés d'entre eux.

La faiblesse du taux d'emploi des jeunes s'explique autant par la prolongation (naturelle ou artificielle) de leurs études que par la faible conciliation de ces dernières avec un emploi. Comme l'expliquent bien Jérôme Gautié et Emmanuelle Nauze-Fichet [1], le système français de formation-emploi, se caractérisant (à la différence de l'Allemagne) par la priorité accordée à un enseignement général relativement éloigné du système productif, il en résulte que seulement

---

1. Jérôme Gautié et Emmanuelle Nauze-Fichet, « Déclassement sur le marché du travail et retour au plein emploi », complément au rapport de Jean Pisani-Ferry, *op. cit.*

Pour une société de la solidarité

8 % des 15-25 ans en formation initiale occupent un emploi (contre 30 % en Allemagne, 33 % aux Pays-Bas et 58 % au Danemark). Ce taux devrait s'améliorer dans les années qui viennent en raison du développement des formations en alternance, mais toutefois la tendance demeure.

Sinon, des travaux récents ont montré que le marché du travail français se caractérisait par son absence de fluidité (ou de liquidité), ce qui permet de comprendre pourquoi les jeunes de 16 à 25 ans sont particulièrement pénalisés à leur entrée dans la vie active. Enregistrant par rapport à ses partenaires les plus faibles taux de perte d'emploi et de sortie de chômage (c'est l'inverse aux Etats-Unis), la France se présente comme un pays où il est difficile de sortir du chômage mais où l'on a plus de chances de conserver un emploi permanent dès lors qu'on en possède un. C'est donc aussi un pays qui avantage quasi structurellement les « insiders » au détriment des « outsiders » – notamment les nouveaux entrants que sont par définition les jeunes.

Par ailleurs, leurs emplois jouant le rôle d'ajustement quand la conjoncture se détériore, les jeunes, surtout les non-diplômés, sont plus particulièrement exposés à la « galère ». Pour eux, avoir du travail signifie la plupart du temps alterner les contrats à durée déterminée ou d'intérim, les contrats saisonniers et les périodes de non-emploi. Cela signifie donc souffrir plus que les autres de la précarisation et du chômage.

Modalité jadis marginale du contrat de travail, le CDD recouvre actuellement plus de 70 % des embauches et dépasse désormais les CDI chez les 20-25 ans. Si le taux de sortie du chômage des jeunes n'est pas en moyenne particulièrement bas, leur probabilité de perdre leur emploi est, elle, particulièrement forte : de 3 à 5 fois plus que pour les âges médians selon les niveaux de diplôme. Le taux de chômage des 15-24 ans (je parle ici de la catégorie des jeunes actifs et non de ceux qui poursuivent leurs études, majoritaires dans cette tranche d'âge) est passé de 14 % en 1979 à 23 % en 2006. Quant à celui des personnes âgées de 18 ans et souvent précocement sorties du système scolaire, il dépassait également les 30 % en 2003 (parmi les pays de l'OCDE, seules l'Italie, la Grèce, la Finlande et l'Espagne sont confrontées à des taux plus élevés). Au final, la précarité décourage l'insertion sociale des jeunes (ils ont du mal, par exemple, à accéder au logement) et le chômage les empêche d'accumuler une expérience professionnelle pour trouver et conserver un emploi. Un cercle vicieux auquel échappent de moins en moins même les plus diplômés d'entre eux, ainsi que l'a montré la légitime révolte en novembre dernier des « stagiaires » (certains d'entre eux étaient bac + 5) qui servent de plus en plus aux entreprises de main-d'œuvre gratuite, taillable et corvéable à merci.

Bien qu'il existe des périodes d'essai dans les CDD, on demande de plus en plus souvent aux jeunes une expérience professionnelle d'une durée comprise entre 18 mois et deux ans qu'ils ne peuvent obtenir que grâce aux stages, lesquels remplacent les offres d'emploi. Or quand on sait qu'un étudiant sur deux effectue au moins un stage lors de sa scolarité, que sur un million de conventions annuelles de stages signées chaque année, 80 % sont gratuits, et que la seule disposition réglementaire à ce sujet consiste en un décret de 1978 (modifié en 1986) qui exonère de charges sociales les entreprises leur offrant une rétribution inférieure à 30 % du Smic, il est impératif de remédier à ce vide juridique et à cette exploitation économique par un vrai statut pour les stagiaires. Un statut qui devrait comporter un quota de stagiaires par rapport à la masse salariale de l'entreprise, une limitation temporelle de la durée du ou des stages, une rémunération obligatoire ainsi qu'une possibilité pour les personnes concernées de cotiser à la retraite.

Néanmoins et hormis ce problème spécifique, il reste bien sûr beaucoup à faire pour les jeunes insuffisamment qualifiés que j'évoquais plus haut.

Bien que plusieurs dispositifs de contrats aidés – et notamment les emplois jeunes – aient donné des résultats favorables, les gouvernements qui ont succédé à Lionel Jospin les ont supprimés ou dilués. Or les leçons qui ont pu être tirées depuis le début de la décennie de ces programmes d'aides à l'emploi des jeunes montrent que leur réaménagement est souhaitable et nécessaire.

*

Sur les plus de 80 dispositifs « actifs » mis en place en France depuis vingt ans, nombreux sont ceux qui à juste titre concernent les jeunes, que ce soit dans le secteur marchand ou non marchand.

Pour une société de la solidarité

Dans le secteur marchand, existaient en 2002 des contrats d'apprentissage, de qualification, d'adaptation, d'orientation, ainsi que des « Contrats Jeunes en Entreprise » concernant au total plus d'un million de jeunes.

Dans le secteur non marchand, une mesure phare a été la création des « Contrats Emploi Jeunes » en 1999 qui visaient des activités « ayant un caractère d'utilité sociale ou répondant à des besoins émergents non satisfaits ».

Comme le résume bien Jean Pisani-Ferry, « ce programme répondait à un double objectif : remédier au chômage massif des jeunes et éviter la dégradation de leur employabilité, et susciter la création de nouveaux services, soit à caractère non marchand, soit potentiellement marchands mais dont la rentabilité ne pouvait se révéler qu'à long terme. Il les a atteints ».

A la fin 2002, près de 350 000 postes avaient en effet été pourvus dans le cadre de ce programme, pour les deux tiers au bénéfice de jeunes précédemment au chômage. Leurs employeurs (principalement les établissements publics, les associations, la Police, l'Education nationale et le ministère de la Justice) se sont vus offrir par l'Etat pendant cinq ans une aide équivalente à 80 % du Smic (charges comprises). Donnant aux jeunes des habitudes de travail et leur permettant d'accumuler une expérience professionnelle, ces emplois jeunes ont été utiles à leurs bénéficiaires et ont prouvé par ailleurs leur effet positif sur le niveau de chômage structurel. Las ! Le gouvernement Raffarin les a supprimés. Mieux : il a démantelé les contrats de qualification et d'apprentissage du secteur marchand dont des études extrêmement récentes révélaient les bonnes performances en matière d'entrée sur le marché du travail.

Parce que ces dispositifs sont coûteux, qu'ils concernent plusieurs centaines de milliers de personnes et que notre pays n'a que trop tendance, ici comme ailleurs, à empiler les mesures au fil des législatures sans trop se soucier de les évaluer, je voudrais plaider pour un réexamen de la question qui permette tout à la fois de rompre avec le gaspillage et de renouer avec l'efficacité.

Les contrats aidés sont bien utiles pour gommer les chômeurs des statistiques mais il est plus intéressant de se demander ce que les personnes qui en ont bénéficié deviennent lorsqu'ils

« sortent » de ces différents dispositifs, dans quelle mesure leur chance de trouver du travail se trouve augmentée par la participation à ces programmes. Trouvent-ils un emploi durable ou s'inscrivent-ils derechef au chômage ? C'est donc la question du suivi qui se pose.

S'appuyant sur des travaux récents menés en Suisse mais surtout en Suède, Pierre Cahuc et André Zylberberg expliquent (s'agissant de la Suède) que « dans l'ensemble, les subventions à l'emploi privé dominent nettement toutes les autres mesures (entre 20 et 40 points de pourcentage de plus pour accéder à un emploi régulier) ». Et ils concluent : « les aides à l'emploi sont d'autant plus efficaces que l'emploi aidé est proche d'un emploi régulier ». Ce qui milite plutôt pour une application de ces politiques en faveur du secteur marchand.

Semblables subventions versées aux entreprises pour la formation et l'embauche de jeunes sous la forme d'abattement de charges ont existé et pour des résultats aussi encourageants que ceux de nos amis scandinaves : elles concernaient les contrats d'apprentissage (de 1 à 3 ans) et les contrats de qualification (de 6 mois à 2 ans) pour

Vaincre le chômage

les jeunes de 16 à 25 ans. Associant activité professionnelle et enseignement dans un centre de formation débouchant sur l'obtention d'un diplôme, ces contrats procuraient à leurs bénéficiaires entre 25 et 75 % du Smic selon leur âge et leur ancienneté. D'après une étude parue en 2000 [1], les contrats de qualification et d'apprentissage ont des effets positifs sur les jeunes sousqualifiés et *a fortiori* pour ceux dont le père est qualifié, alors que les contrats aidés du type CES sont nuls (voire négatifs) en termes d'emplois ultérieurs, même pour les plus qualifiés des bénéficiaires. Autre enseignement très intéressant concernant l'employabilité des jeunes travailleurs : si l'on compare la situation des bacheliers professionnels et celle des diplômés apprentis, ces derniers obtiennent plus fréquemment des contrats à durée indéterminée dans les cinq ans qui suivent l'année d'obtention de leur diplôme (les bacheliers, eux, se voient plus souvent proposer des CDD).

1. Denis Fougère, Francis Kramarz et Thierry Magnac, « Youth employment policies in France », *European Economic Review*, n° 44, 2000.

Pour une société de la solidarité

Le Parti socialiste a imaginé pour les jeunes un « contrat unique d'insertion professionnelle » au terme duquel sera proposée à chaque jeune en sortie d'études une activité sous forme de service civil social, d'insertion, de formation ou d'emploi. J'y souscris entièrement. De même que j'approuve la généralisation des formations en alternance, en lien avec les partenaires sociaux et sur la base des besoins des bassins d'emplois. Rien ne doit en effet être négligé pour placer durablement les jeunes dans l'emploi.

Hélas, ce n'est pas le chemin qu'a choisi d'emprunter le gouvernement qui, au contraire, a pris un malin plaisir à fabriquer une nouvelle usine à gaz. Qu'on en juge :

Sur les six principaux types de contrats créés par la Loi de modernisation sociale de 2005, seul le contrat d'apprentissage demeure et concerne spécifiquement les jeunes. Ceux de qualification, d'adaptation et d'orientation ont été fondus depuis octobre 2004 dans des nouveaux « contrats de professionnalisation » eux-mêmes subdivisés. Deux d'entre eux (les Contrats d'Avenir et les Contrats d'Insertion-Revenu Minimum d'Activité) sont seulement ouverts aux bénéficiaires de certaines allocations sociales et aux chômeurs de plus de 25 ans. Sinon, deux autres types de contrats (Contrats Initiative Emploi dans le secteur marchand et Contrats d'Accompagnement dans l'Emploi dans le public) concernent *a priori* tous les chômeurs en difficulté et diluent *de facto* la composante spécifiquement « jeune ». Sinon, il existe un « contrat de professionnalisation » ouvert aux jeunes de 16 à 25 ans et aux demandeurs d'emploi de plus de 26 ans qui est soit un CDD, soit un CDI de 6 à 12 mois (24 dans certains cas) où la formation n'occupe que de 15 à 25 % de la durée totale du contrat.

« Le système est illisible pour les jeunes », ne craint pas d'affirmer un conseiller professionnel de Nantes-Métropole. De l'aveu même de M. Lionel Dubois, chargé de la formation à la CFTC, « on se dit qu'on a créé un machin compliqué, ingérable [1] ». Il apparaît par ailleurs dans la pratique que les effets pervers sont nombreux dans la mesure où les contrats de professionnalisation

---

1. « Les contrats en alternance dans un trou d'air », *Le Monde-Economie*, 20 septembre 2005.

vont à des jeunes déjà qualifiés et excluent ceux qui ne le sont pas.

Quoi qu'il en soit, alors que 71 300 nouveaux contrats de qualification, d'orientation et d'adaptation avaient été signés entre janvier et juillet 2004, sur la même période de 2005, seulement 8 400 contrats de professionnalisation ont été enregistrés (dont 22 100 pour les jeunes). On est loin de l'objectif de 180 000 fixé par le gouvernement...

Etait-il bien raisonnable et pertinent de bouleverser une nouvelle fois l'ensemble des dispositifs alors que des évaluations sérieuses des politiques passées montraient la voie simple et claire qui devait être suivie, à savoir : « mettre le paquet » sur les contrats de qualification et d'apprentissage en ciblant plus finement leurs bénéficiaires, une mesure qui a le mérite de s'articuler au mieux avec deux des précédentes propositions concernant l'accroissement de la population qualifiée et la réduction des charges sur les bas salaires ?

Je ne le crois pas.

Etait-il également raisonnable d'ajouter à l'inefficacité de ces dispositifs l'iniquité du nouveau Contrat Première Embauche ? Je ne le crois pas non plus.

Avec le CPE, le gouvernement est monté d'un cran. Il a changé de logique. Il est passé du bricolage au démantèlement pur et simple du droit du travail. Au lieu de s'attaquer à la précarité des jeunes, il fait délibérément le choix de l'institutionnaliser. La droite propose tout simplement que le mode normal d'accès à l'emploi pour les jeunes ne soit plus le CDI ou le CDD. Pendant la période de deux ans, le contrat peut être rompu à tout moment sans préavis ni justification. Les entreprises peuvent licencier sans protection des salariés et quasiment sans indemnité. Le CPE, c'est gagnant-gagnant pour les employeurs et perdant-perdant pour les jeunes de moins de 26 ans. Toujours plus d'avantages et de flexibilité sans contrepartie pour les entreprises, et toujours moins de protection et de droits pour les salariés. Les conséquences sur les conditions de vie des jeunes sont connues d'avance : impossibilité d'accéder à un logement ou à un prêt à des conditions normales, condamnation à rester à un âge avancé chez les parents. C'est tout simplement l'idée même de projets de vie et d'avenir qui s'évanouit avec ce nouveau contrat de travail. Les jeunes en CPE sont en fait condamnés à vivre

Pour une société de la solidarité

l'angoisse au ventre d'être licencié du jour au lendemain et de devoir accumuler CPE sur CPE.

Face au CPE, François Hollande a proposé lors du débat de motion de censure une tout autre solution : un contrat sécurité et formation ouvert aux jeunes de moins de 26 ans dépourvus de qualification. Dans le même esprit, Martine Aubry a élaboré le « Contrat dans la Vie Active » (CVA). Ce contrat est l'inverse absolu du CPE. Il s'inscrit dans une véritable logique de confiance en cherchant à sécuriser l'arrivée des jeunes dans l'emploi. Avec, en contrepartie, un certain nombre de devoirs : le jeune doit s'engager à suivre les formations et études avec assiduité, rechercher activement l'insertion durable dans l'emploi et devrait accomplir avant 25 ans un service civil obligatoire. C'est le seul moyen de donner aux jeunes de véritables contrats de travail à durée indéterminée et à leur employeur les moyens d'assurer leur formation. C'est cette logique de sécurisation sur toute la vie professionnelle que nous devons privilégier et non celle de la précarisation défendue par le gouvernement.

CHAPITRE 4

Pour une société de responsabilité

Sur le front qui nous occupe, cela fait trente ans que la société française se débat entre deux paradoxes : un taux de chômage élevé en dépit des sommes croissantes allouées aux politiques publiques de l'emploi ; un sentiment d'insécurité important en dépit d'une forte « protection [1] » de celui-ci.

La fin du travail « fordiste », l'importance des créations-destructions d'emplois dans le processus de la croissance et l'effacement progressif des appartenances professionnelles collectives au

---

1. On appelle « protection de l'emploi » les réglementations protectrices des travailleurs relatives à l'embauche, au contrat de travail et au licenciement.

profit d'une individualisation croissante du rapport de chacun à son travail, devraient permettre de repenser à la fois les notions de « flexibilité » et de « sécurité ».

La flexibilité est chez nous, et à bon droit, un terme honni : elle désigne, en effet, les nouvelles marges de manœuvre que réclament les entreprises, le plus souvent au détriment des travailleurs (pour lesquels elle est synonyme de précarité et de fragilisation sociale), et dont elles prétendent avoir besoin pour être plus performantes et compétitives. Mais chez nos voisins d'Europe du Nord, la « flexibilité » concerne aussi, et positivement, les personnes dans leurs projets de vie – leurs désirs de travailler, le cas échéant à temps partiel de se former ou de s'occuper de leur famille – bref, ce que certains appellent les « marchés transitionnels d'activité » et que nous devons prendre en compte afin de les aménager. De même, la sécurité ne peut plus être celle de l'emploi à vie dans la même entreprise, mais plutôt celle des personnes rassurées dans leurs différentes trajectoires professionnelles, contrepartie d'un environnement moins stable où les aléas (mais aussi les occasions) sont plus nombreux.

Pour une société de responsabilité

Nos amis scandinaves, qui ont su se réformer dans le respect des principes fondamentaux de leur modèle social, ont forgé le concept de « flex-sécurité » pour en rendre compte. Quoiqu'il soit impossible, et pour de nombreuses raisons, de transposer en France leurs recettes, il m'a néanmoins semblé fécond de m'en inspirer, à la suite d'un certain nombre de recommandations aussi fondées qu'imaginatives. D'où ces deux dernières propositions qui tentent de cerner ce que pourrait être une « flex-sécurité à la française ».

Autre manière de la nommer : la sécurité sociale professionnelle. Je ne ferai qu'examiner ici les pistes de ce nouveau compromis, sachant bien que c'est d'une grande négociation qu'il naîtra.

SEPTIÈME CHANTIER :
Combattre le chômage en protégeant différemment les emplois et en sécurisant beaucoup mieux les personnes

En matière de protection de l'emploi, comme ailleurs et souvent en France, les nouveaux enjeux sont délicats, les débats vifs et les controverses toujours à craindre. Plus que d'autres, c'est un sujet sur lequel entreprises, salariés, syndicats et gouvernements peinent à trouver un compromis.

Le thème de la désindustrialisation et des délocalisations qui s'est installé dans le débat politique et social, au fur et à mesure que ces phénomènes prenaient de l'ampleur, a accru le sentiment d'insécurité professionnelle chez les salariés, lequel a été abondamment relayé par les médias à l'occasion de divers événements traumatisants pour ceux qui perdaient effectivement leur emploi. Depuis plusieurs années, l'actualité apparaît à beaucoup saturée de licenciements, de plans sociaux et de « dégraissages » tous azimuts contre lesquels les salariés aspirent légitimement à être protégés. Dans une économie de marché qui semble à beaucoup une jungle, où tout va trop vite et où la précarité s'accroît dangereusement, le droit offre un rempart, un contre-pouvoir indispensable. Qui ne souhaiterait être protégé contre la discrimination à l'embauche, les licenciements abusifs ou encore l'invocation à tout bout de champ de « motifs économiques » de la part des entreprises ?

Pour une société de responsabilité

Il faut le rappeler aux « libéraux » qui feignent de l'oublier : la réglementation du travail n'est pas l'effet d'un bureaucratisme tatillon et quasi soviétique, c'est le rééquilibrage de rapports de forces sans cela fortement asymétriques entre l'employeur et le salarié. A l'état de nature, c'est la liberté qui opprime et la loi qui libère !

Toujours promptes à accuser la législation de renchérir les coûts des licenciements et réclamant toujours plus de flexibilité pour s'ajuster aux mutations en cours, les entreprises ont souvent le réflexe d'expliquer par la rigidité juridique leur insuffisante création d'emplois. Alors comment conjuguer aujourd'hui protection sociale et réactivité économique, garanties pour les salariés et marges de manœuvre créatrices d'emplois pour les entreprises ? Si la destruction de certains emplois est inséparable de la création d'autres emplois, le problème central n'est pas tant que les gens perdent leur travail, mais qu'ils n'en retrouvent pas (pour certains pendant longtemps), et qu'ils aient le sentiment que cela est impossible. A en croire les enquêtes, et en dépit de notre protection de l'emploi qui est l'une des plus fortes du monde, le sentiment d'insécurité professionnelle est en France particulièrement élevé. Les libéraux disent alors : « Vous voyez, ces réglementations du marché du travail ne servent à rien ; abolissons-les et ce sera la fin du chômage. » Faux ! En réalité, l'insécurité vient de l'une des caractéristiques incontestables des deux dernières décennies : la montée en puissance de l'emploi précaire. Si l'on examine attentivement les principes théoriques et ce qu'ils deviennent dans la pratique, le décalage est considérable et à bien des égards révoltant. Aussi, je suis enclin à penser que, si les objectifs de la protection de l'emploi ne sont atteints ni en faveur de la collectivité, ni des salariés, c'est qu'il faut aménager nos règles autrement, en protégeant différemment les emplois et mieux les personnes, dans l'optique d'une véritable « Sécurité sociale professionnelle » dont il faut se réjouir qu'elle ait largement fait son chemin dans les esprits.

*

La France a créé une seule variable d'ajustement sur le marché du travail depuis les années 70 :

le contrat à durée déterminée, et plus récemment le développement du temps partiel non choisi (femmes, jeunes, seniors, Rmistes). Alors que le champ d'application du CDD avait été réduit en 1982 et 1986 afin qu'il ne serve pas à remplir un emploi permanent, la liste de ses exceptions n'a cessé de s'accroître depuis les années 90. Résultat : en France, 70 % des nouvelles embauches se font en CDD et moins de la moitié d'entre elles se verront ultérieurement transformées en CDI, ce dernier phénomène s'expliquant par un trop fort effet de seuil. Statistiquement, la fin de ces CDD représente la cause la plus importante des départs des entreprises (54 % contre 20 % de démissions et 2 % de licenciements économiques). Outre qu'ils modifient considérablement la nature du marché du travail dans le sens d'une segmentation accrue, les CDD induisent une situation profondément inégalitaire : ils créent une nouvelle classe d'« intouchables », les salariés précarisés sans perspectives d'enrichir leur capital humain, enchaînant CDD à productivité faible, intérim et périodes de chômage profondément préjudiciables à leur bien-être. Qui s'étonnera alors, si l'on en croit une étude récente[1] menée à l'aide d'indicateurs du « sentiment de sécurité de l'emploi » dans 23 pays, que les Français aient un niveau de satisfaction moyen nettement inférieur à celui de la moyenne de leurs partenaires et qu'ils soient particulièrement inquiets de leurs parcours professionnels ?

Mais cette inégalité ne concerne pas seulement le dualisme CDI/CDD, elle vient se loger au cœur même d'un droit devenu « pervers » puisque ce dernier apparaît dans les faits systématiquement contourné. Elle redouble même l'inégalité existante entre personnes qualifiées et non qualifiées puisque les ruses que permet le droit avantagent les premiers, bien mieux informés des procédures et des « astuces ».

Pourquoi détenons-nous tristement en matière d'emploi limité le plus fort taux d'emplois précaires d'Europe (après l'Espagne) ?

« Les stratégies utilisées pour contourner les règles sont bien connues : il est tentant d'invoquer " l'accroissement temporaire " de l'activité, ou la nécessité d'exécuter une " tâche occa-

---

1. Fabien Postel-Vinay et Anne Saint-Martin, « Comment les salariés perçoivent-ils la protection de l'emploi ? », document de travail Delta, 2004.

sionnelle " pour justifier une embauche en CDD, ce qui est généralement très difficile à vérifier, surtout dans le secteur tertiaire dont la part devient prépondérante. De même, plusieurs contrats peuvent être signés à la suite avec un même salarié en prenant soin de modifier le contenu du poste et de respecter certains délais [1]. »

Quant aux procédures collectives, leur lenteur, leur lourdeur administrative et leur coût élevé laissent à penser que de nombreux licenciements économiques sont maquillés en licenciements pour motif personnel, voire en démissions. D'ailleurs, le fait qu'environ seulement 2 % des sorties annuelles d'emplois en France soient officiellement imputables à des licenciements dits « économiques » (6 % sont dus à des motifs personnels) serait un indice de l'ampleur du phénomène. Autre indice, seulement 20 % des licenciés économiques sont couverts par un plan social.

---

1. Pierre Cahuc et Francis Kramarz, « De la précarité à la mobilité : vers une Sécurité sociale professionnelle », rapport au ministre de l'Economie, des Finances et de l'Industrie, et au ministre de l'Emploi, du Travail et de la Cohésion sociale, La Documentation française, 2004.

L'effet pervers du contournement du droit du licenciement s'analyse comme suit : l'employeur est incité à invoquer un motif personnel pour licencier, quitte à conclure une transaction avec le salarié afin que ce dernier abandonne ses droits de recours en contrepartie d'une indemnité. Le salarié confronté à un environnement juridique incertain, à des procédures de reclassement dont l'efficacité est loin d'être prouvée, préfère le plus souvent empocher l'indemnité prévue par la transaction et percevoir ensuite ses droits à l'indemnisation du chômage. Or c'est justement sur ce point que le bât blesse : c'est bien parce que les salariés ont le droit de percevoir l'indemnité chômage que le licenciement pour motif personnel est autant utilisé : il permet de reporter une grande partie du coût de licenciement sur la collectivité, en l'occurrence l'assurance chômage.

On ne saurait mieux pointer le fait que le droit en vigueur ne prend absolument pas en compte la valeur sociale des emplois.

La valeur privée d'un emploi, c'est-à-dire celle qu'un emploi possède pour le travailleur (sous forme de salaire) ou son patron (sous forme de profit) ne coïncide pas avec sa valeur sociale qui, outre cette valeur privée, inclut des « externalités » (autrement dit, des effets produits sur l'environnement extérieur). La valeur sociale des emplois est intimement liée à celle de l'intérêt collectif. Mettre un individu au chômage conduit à diminuer les recettes fiscales et augmenter les transferts sociaux. En outre le report du coût du licenciement sur le système d'assurance chômage n'est pas socialement juste dans la mesure où ce dernier est financé par les cotisations salariales. Ainsi, une mesure ne saurait être adoptée si l'écart entre les valeurs privée et sociale est trop divergent.

Essayons de nous résumer : les procédures de licenciement économique sur lesquelles l'attention s'est principalement portée depuis plusieurs années ne concernent que 2 % des sorties de l'emploi et 20 % des licenciés économiques sont couverts par un plan social (soit 0,4 % des sorties !). En revanche, le CDD constitue une brèche béante dans notre dispositif de protection de l'emploi ainsi qu'une source très importante de précarité et d'insécurité. Enfin, notre système d'assurance-chômage mutualise les coûts de départ, ce qui revient, en caricaturant, à faire financer par les entreprises vertueuses les dérives de celles qui licencient à tout va. Notre système n'est donc pas bon! Il protège finalement assez mal les travailleurs ayant un emploi stable, il favorise l'emploi précaire et n'incite en aucune manière les entreprises à conserver et développer l'emploi.

*

Certains esprits peu suspects d'ultralibéralisme – je pense au directeur du département d'économie du MIT, Olivier Blanchard – ont proposé un nouveau compromis « révolutionnaire [1] » : passer à un système de financement du chômage à la charge de l'entreprise qui licencie (pour dissuader vraiment, je veux dire *financièrement*, le licenciement); simplifier drastiquement les procédures collectives puisqu'elles ne sont pas efficaces (en transférant à un service public de l'emploi rénové l'obligation de reclassement);

---

1. Olivier Blanchard et Jean Tirole, « Protection de l'emploi et procédures de licenciements », rapport du CAE, La Documentation française, 2003.

168

abolir le CDD, source principale de précarisation de l'emploi.

Ces propositions « décoiffent », comme on dit. Mais dès lors qu'elles sont conçues pour conjuguer créations d'emplois et protection des travailleurs, en remplacement de notre système actuel qui produit l'inverse, je crois utile de les examiner.

D'abord, fiscaliser la protection de l'emploi à travers un mécanisme de bonus-malus applicable aux entreprises qui licencient, sur le principe du « pollueur-payeur ». Inspirée par le droit français en matière d'accidents du travail, par exemple, cette responsabilisation financière de l'entreprise passe par le versement de taxes de licenciement à l'assurance chômage dont le taux augmente en fonction du nombre de licenciements auxquels la société procède. Ceci reviendrait donc à démutualiser en partie l'assurance chômage.

Selon Olivier Blanchard et Jean Tirole, « les entreprises doivent payer à la caisse d'allocations chômage un montant égal au montant anticipé des allocations chômage que devra payer cette caisse au salarié licencié ». En cas de problèmes de liquidités, la situation financière difficile de certaines d'entre elles pourrait être contrebalancée par un paiement étalé dans le temps, une diminution de leur taux de contribution, voire la mise en place de garanties bancaires de paiement. Les auteurs plaident en outre pour un renchérissement des indemnités de licenciement et un barème augmentant avec l'ancienneté du salarié.

Deuxième axe : ils préconisent que le contrôle juridictionnel du licenciement économique soit abandonné. Alors même que la jurisprudence de nos tribunaux avait depuis quelques années affirmé que « le licenciement économique ne peut pas être justifié par l'amélioration de la compétitivité ou de la rentabilité de l'entreprise mais seulement par la sauvegarde nécessaire à la compétitivité de celle-ci [1] », il était en réalité de plus en plus difficile au juge, faute d'informations suffisantes et de critères clairs, d'apprécier l'étendue du motif économique. De surcroît, la chambre sociale de la cour de cassation vient

---

1. Arrêt rendu en février 2002 par le tribunal des prud'hommes saisi suite au licenciement de 451 personnes en juin 1999 par Michelin qui annonçait au même moment des bénéfices importants pour le groupe.

d'inverser cette jurisprudence et de légaliser les licenciements « d'anticipations ». Le raisonnement des auteurs est donc : puisque les procédures collectives ne couvrent qu'une toute petite minorité de salariés et sont inefficaces, abolissons et transférons cette protection à la dissuasion financière de licencier d'un côté, aux droits que contient le contrat de travail, de l'autre.

Ce deuxième élément du nouveau compromis est évidemment le plus dur à accepter. Je vois bien la logique des auteurs : plutôt que des procédures inefficaces, il vaut mieux un coût du licenciement presque exorbitant. Mais tout de même, cela n'est rien moins qu'évident !

Pour que les salariés renoncent à cette protection, il faudrait tout d'abord leur démontrer que les autres mesures sont plus efficaces et que l'obligation d'efforts de reclassement aujourd'hui à la charge des entreprises serait assumé aussi efficacement par le service public de l'emploi. Je dirai tout à l'heure mon point de vue sur cela.

Venons donc aux droits du salarié (accomplissement du contrat de travail, suivi assidu des formations, avec des sanctions en cas de non-respect). C'est le troisième volet, le contrat unique – véritable « pacte de sécurisation professionnelle » – avec trois caractéristiques majeures parfaitement articulées.

Il est à durée indéterminée et sa rupture entraîne le paiement d'une indemnité de salaire et du versement aux organismes sociaux d'une contribution de solidarité (la « taxe ») proportionnelles à la rémunération totale perçue depuis la date de signature du contrat, ainsi qu'une prime de précarité. En contrepartie, l'entreprise est dégagée de toute obligation de reclassement dont le coût est mutualisé grâce au paiement de la contribution.

L'indemnité de licenciement serait majorée sur la période des dix-huit premiers mois du contrat et pourrait être égale à 10 % du montant de la rémunération brute versée par l'employeur. Quant à la contribution de solidarité, elle serait proportionnelle aux salaires perçus par chaque salarié licencié sur la durée de l'emploi et versée pour partie à l'UNEDIC et pour partie à l'Etat. Elle permettrait donc de financer la prise en charge des reclassements par le service public de l'emploi et inciterait les entreprises à prendre en compte le coût qu'elles font peser sur l'assurance chômage quand elles licencient.

Enfin, ce contrat unique permet d'offrir à ses titulaires la garantie d'un accompagnement personnalisé en cas de perte d'emploi. Il y a belle lurette que bon nombre de rapports [1] ont attiré l'attention des pouvoirs publics sur la nécessité nouvelle d'attacher aux personnes (et non plus aux statuts) des droits et des bénéfices sociaux tout au long de leurs parcours professionnels. Comme l'a formulée le sociologue Michel Supiot, l'idée centrale est de « ré-indexer les fonctions de protection sur les besoins de protection ». Le travail se transforme ? Certes. Mais la protection doit alors se transformer aussi. A cet égard, c'est « donnant donnant ». Mais encore faut-il que la protection des personnes et leur accompagnement personnalisé, enrichi par les mécanismes du contrat unique tel qu'il vient d'être décrit, soient assurés par un service public de l'emploi digne de ce nom.

---

1. Notamment les rapports Boissonnat (1995) et Supiot (1999).

Là encore, résumons-nous : suppression du
CDD au profit d'un nouveau CDI comprenant un
droit à reclassement ; simplification des procédures collectives et transfert au service public de
l'emploi de la mission de reclassement du salarié
licencié ; renchérissement puissant du coût du
licenciement pour l'entreprise – d'une part avec
l'augmentation de l'indemnité versée au salarié,
d'autre part avec la mise à charge de l'entreprise
du coût des allocations chômage et du reclassement [1]. Il va sans dire que ces dispositions
s'inscrivent à l'opposé du « Contrat Nouvelle
Embauche » dont les effets sont plutôt négatifs et
qui se contente de « rajouter un étage à la fusée »
sans clarifier le système du contrat de travail...

Ces thèses hétérodoxes mettent-elles le doigt
sur de vraies questions ? Certainement. Apportent-
elles les réponses adéquates ? Elles fabriquent
pour le salarié un véritable « statut de l'actif »

---

1. Actuellement ce sont les régions comme celle du Nord-
Pas-de-Calais, qui par des initiatives courageuses main-
tiennent au maximum les droits des salariés futurs licenciés et
leur donnent le plus de temps possible pour se former. Je
pense notamment aux congés de conversion créés pour faire
face à la crise textile de 2003-2004.

Pour une société de responsabilité

selon l'heureuse formule de Martine Aubry : un contrat beaucoup plus protecteur pour le salarié avec la fin du CDD; une « socialisation » de l'obligation de reclassement; une dissuasion financière du licenciement. C'est une bonne base de discussion tripartite (Etat, employeurs, syndicats) pour travailler sur la « flex-sécurité à la française ». Je serais pour ma part d'avis d'expérimenter tout nouveau schéma dans une région ou dans une branche, sous le contrôle des syndicats et d'un groupe d'experts (économistes, sociologues, juristes, spécialistes du marché du travail et des systèmes de protection sociale), pour vérifier empiriquement si cela fonctionne mieux que notre système actuel.

HUITIÈME CHANTIER :
Combattre le chômage par un service public
de l'emploi puissant et efficace

Si l'un des grands mérites de la science économique actuelle est d'avoir attiré notre attention sur le caractère tant massif qu'incontournable des réallocations d'emplois et de main-d'œuvre au sein des pays industrialisés, le bénéfice corollaire de cet enseignement consiste, je pense, à nous faire envisager le chômage d'un œil neuf, à changer notre mode de pensée sur ce qu'est la recherche d'un emploi et notre regard sur ceux qui s'y consacrent. Apparemment provocante, la thèse d'une certaine « nécessité » du chômage induite par les destructions d'emplois a toutefois le mérite de ne plus nous faire percevoir les chômeurs comme des victimes ou des coupables, mais au contraire de rendre sa pleine valeur à une activité essentielle au bon fonctionnement de l'économie comme au bien-être de ceux qui ne sauraient être exclus du contrat social. En ce sens, il est vrai de dire que la recherche d'un emploi est une activité sociale utile qui doit être rémunérée en conséquence. Même son de cloche, quoique de manière plus radicale, chez Jacques Attali et Vincent Champain qui ont récemment proposé de « changer de paradigme pour supprimer le chômage » en imaginant un « contrat d'évolution » possédant tous les attributs d'un contrat de travail au nom de la « reconnaissance de l'utilité de la recherche active d'emploi ».

Pour une société de responsabilité

Or cette raison, jointe à certaines difficultés endémiques et spécifiquement françaises d'appariement de l'offre et de la demande sur le marché du travail, rendent impérative la réforme de l'organisation du service public de l'emploi. Comme le dit Jean Pisani-Ferry, « améliorer l'efficacité de l'appariement entre offre et demande de travail ne peut qu'avoir des effets positifs sur l'emploi (parce que cela réduit le temps de recherche), sur la productivité (parce qu'un meilleur appariement est source d'efficacité productive) et sur le bien-être des salariés (parce qu'ils peuvent ainsi trouver un emploi correspondant mieux à leurs aspirations) ».

En Europe où, à la différence des Etats-Unis qui laissent les chômeurs « se débrouiller » tout seuls, le principe d'une responsabilité de la collectivité est acquise à travers l'existence d'un service public de l'emploi, l'accent a été mis depuis le milieu des années 90 sur l'accompagnement personnalisé des demandeurs d'emplois. A l'encontre de certains discours populistes toujours vifs à incriminer la générosité du système d'indemnisation du chômage par l'insuffisante incitation des personnes concernées à rechercher du travail, il est prouvé qu'une importante fraction de chômeurs ne retrouve pas d'emploi indépendamment du niveau des allocations chômage. De même, la ritournelle en appelant régulièrement au « contrôle » et à la « répression » des chômeurs accusés soit de frauder, soit de refuser sciemment des emplois proposés ou de faire preuve de « mauvaise volonté », ne me semble pas de nature, loin de là, à résoudre le problème.

Ce dont nous avons véritablement besoin pour mieux accompagner les chômeurs, c'est d'un service public de l'emploi puissant et cohérent, seule condition préalable à la mise en place d'un véritable contrat de recherche d'emploi créant pour chacun des droits et des devoirs.

*

Pourquoi les chômeurs doivent-ils être accompagnés dans leur recherche de l'emploi par un service public puissant et cohérent ?

D'abord, parce qu'ils se trouvent des situations très diverses et que leurs comportements varient fortement en fonction de la perte de leurs droits aux allocations chômage. Par exemple, si une

178

forte diminution de cette dernière accélère pour certains chômeurs le retour vers l'emploi, il faut aussi noter que cet impact est plus marqué pour les individus les plus qualifiés percevant les indemnités les plus élevées. Du coup, on observe que les moins qualifiés et les plus démunis ne retrouvent pas d'emploi même en fin de droits, et stagnent par conséquent dans le chômage de longue durée.

Ensuite, il a été prouvé qu'à la différence du renforcement de la vérification des droits à l'assurance chômage et du contrôle de la recherche d'emploi des chômeurs (qui n'ont aucun effet ni sur la durée des périodes de chômage ni sur le montant des indemnités versées), les programmes d'accompagnement individualisé réduisaient significativement ce chômage de longue durée et permettaient ultérieurement à ceux qui en avaient bénéficié un accès à des salaires plus élevés. Mieux : une étude ultérieure a montré que les procédures de contrôle des chômeurs assorties de sanctions n'avaient d'effets sur leur taux d'emploi que dans la mesure cas où ils étaient accompagnés individuellement. En d'autres mots, les « fliquer » et les « punir » sans les aider ne sert à rien. A cet égard, je m'insurge contre deux décrets publiés par le gouvernement l'année dernière sur le contrôle des chômeurs. Le premier, pris début août en pleine période de vacances, instaure des pénalités (soit des réductions de 20, voire 50 % du montant des indemnités chômage) pour ceux qui refuseraient plusieurs offres d'emplois. Le second, publié (cherchez l'erreur !) le 24 décembre dernier, autorise les inspecteurs et contrôleurs du travail à croiser les informations dont ils disposent avec les documents de l'administration fiscale qu'ils pourront se faire communiquer sur simple demande. Prise sans concertation, en catimini, pendant la trêve des confiseurs, cette disposition qui, comme la précédente, revient à modifier deux articles du Code du travail, illustre une nouvelle fois cette dérive bien connue de la droite : harceler les chômeurs en hypothéquant le contrat de confiance nécessaire à leur réinsertion.

A contrario de ces pratiques maniant le seul bâton, tout laisse à penser qu'une assurance chômage généreuse reposant sur un système d'engagement réciproque du service public de l'emploi et des chômeurs « travaillant » réellement à leur réinsertion, à partir du moment où ils seraient dotés des aides *ad hoc*, aurait des résultats positifs. Mais ce n'est pas seulement une supposition : de nombreux pays ont réformé avec ampleur et succès leurs systèmes d'indemnisation chômage et leurs services de l'emploi. Pays-Bas, Allemagne, Danemark, Norvège : tous ont prouvé que des mesures d'envergure conjuguées à une approche pragmatique – c'est-à-dire souple, sachant s'adapter – et respectueuse des traditions de leur modèle social pouvaient améliorer la qualité des transitions professionnelles. Et pour une fois – ce dont personnellement je me réjouis – l'importation des recettes ayant fait leur réussite est tout à fait possible tant elles reposent sur le bon sens et la logique la plus élémentaire.

*

Comment la France pourrait-elle combler son retard en matière de service public de l'emploi et d'accompagnement personnalisé des chômeurs ?

Par un triple effort de ciblage, de cohérence et d'efficacité portant respectivement sur le profilage, la création d'un guichet unique et la responsabilisation des sous-traitants externes [1].

Mis en œuvre aux Pays-Bas, le « profilage » est une technique statistique qui permet aux services de l'emploi de sélectionner et d'accompagner les chômeurs se trouvant dans les situations les plus difficiles. « A l'arrivée dans les services de l'emploi, explique Bernard Gazier, une série de données sont collectées à propos des chômeurs : données personnelles tout d'abord, telles que l'âge, le sexe, la qualification, l'expérience professionnelle antérieure... et données plus générales ensuite, telles que le taux de chômage de la région, les perspectives d'embauche du secteur d'activité dans lequel l'emploi est recherché. Ces données qui résument en quelque sorte le profil de chaque individu sont ensuite introduites dans un modèle statistique qui calcule la probabilité de retour à l'emploi dans un délai donné. Il en résulte ainsi non pas un score absolu mais un classement par ordre décroissant d'éloignement

---

1. Voir Pierre Cahuc et Francis Kramarz, « De la précarité à la mobilité : vers une Sécurité sociale professionnelle », *op. cit.*

de l'emploi : d'abord les personnes les plus éloi-
gnées de l'emploi, ensuite celles qui en sont les
plus proches [1]. »

A condition qu'il soit, comme aux Pays-Bas,
périodiquement révisé pour ne pas figer les gens
dans des catégories périmées, le profilage permet
la mise en œuvre d'une « philosophie » que nous
avons déjà rencontrée dans ces pages : concentrer
les moyens financiers et humains sur les individus qui en ont le plus besoin. Qu'il puisse,
comme les ZEP, le tutorat des jeunes enfants ou
l'impôt négatif, heurter la culture d'égalité des
citoyens devant le service public ne doit pas nous
dissuader d'y avoir recours : on a suffisamment
vu combien l'inéquité sociale pouvait résulter
d'excellents principes et l'enfer être pavé des
meilleures intentions !

Le profilage n'aurait cependant pas de sens
sans la création d'un guichet unique de l'emploi
gérant à la fois les mesures de placement des chômeurs, leur indemnisation, les dispositifs d'aide à
leur formation et à leur recherche d'emploi.

Concernant nos actuels services de l'emploi
caractérisés par l'hétérogénéité et la complexité,

---

1. Bernard Gazier, *Vers un nouveau modèle social, op. cit.*

on n'en finirait pas de citer les rapports [1] incriminant la multiplicité des organismes, leur faible degré de coordination et le gaspillage des deniers publics qui en résulte. Qu'on en juge : outre le dualisme entre les dispositifs confiés à l'ANPE et ceux directement gérés par le ministère du Travail, la séparation entre l'ANPE accueillant les chômeurs et les ASSEDIC qui les indemnise ne permet pas une prise en charge efficace des intéressés qui se retrouvent par ailleurs, dès lors qu'une formation est envisagée, ballottés entre de multiples instances : ASSEDIC, Etat, Association nationale pour la formation professionnelle, régions, etc.

Alors que la France consacrait aux mesures d'accompagnement des chômeurs 0,64 % de son PIB en 2002 (soit près du double de la moyenne des pays de l'OCDE pour lesquels des chiffres étaient disponibles), alors que les moyens de l'ANPE ont opportunément augmenté de 50 % de

---

1. Voir notamment Dominique Balamary, « Rapport d'évaluation de la politique de l'emploi et recours à des opérateurs externes », Commissariat général du Plan, La Documentation française, 2004 ; Jean Marimbert, « Rapport au ministre des Affaires sociales, du Travail et de la Solidarité sur le rapprochement des services de l'emploi », 2004.

Pour une société de responsabilité

2000 à 2003 sous l'impulsion de Martine Aubry et que le coût unitaire par demandeur d'emploi inscrit et par offre d'emploi satisfaite a été multiplié par deux entre 1998 et 2003, le nombre d'offres d'emploi satisfaites est demeuré stable et la proportion d'usagers se déclarant pas ou peu satisfaits de l'ANPE plus importante que pour les autres services publics !

Notre système est cher et inefficace. Il aurait considérablement gagné à voir son architecture refondue dans le sens d'un guichet unique. Aussi, je ne peux que regretter le fait que le gouvernement n'ait pas tranché dans ce sens à l'occasion de son Plan de cohésion sociale : il a simplement choisi de rajouter un nouvel échelon à travers les Maisons de l'emploi dont les compétences « doublonnent » celles d'autres organismes et mobilisent des dépenses supplémentaires. Aujourd'hui comme hier, et de l'aveu même des observateurs les plus compétents, il ne s'est pas passé grand-chose : le système demeure extrêmement éclaté et a du mal à créer des synergies.

Quant aux sous-traitants extérieurs des services de l'emploi auxquels il est fait massivement appel chez nous comme ailleurs depuis quelques

années, leur parfois faible degré de professionnalisation, joint à la difficulté intrinsèque d'évaluer
leurs prestations [1] sur la base de critères perti-
nents, rend indispensable de redéfinir leurs compétences pour les rémunérer en fonction de leurs
résultats.

A l'étranger, notamment aux Pays-Bas ou au
Danemark, la mission des sous-traitants privés ou
publics, contactés par appels d'offres, consiste à
trouver du travail aux demandeurs d'emploi,
tâche pour laquelle ils sont rémunérés et d'autant
mieux qu'ils s'occupent de publics considérés
comme particulièrement éloignés de l'emploi
(chômeurs de longue durée, manquant de qualifications ou seniors). La procédure est généralement la suivante : après que le guichet unique de
l'emploi a accueilli le demandeur d'emploi et réa-
lisé son profilage, les cabinets extérieurs prennent

---

1. Parmi celles-ci : Evaluation des compétences et capacités professionnelles (ECCP), Evaluation en milieu de travail
(EMT), Evaluation en milieu de travail préalable à
l'embauche (EMTPE), Evaluation du projet de création
d'entreprise (EPCE), Objectif emploi individuel (OEI),
Objectif emploi en groupe (OEG), Cercle de recherche active
d'emploi (CRAE), Prestation d'accompagnement dans
l'emploi (PADE), etc.

en charge son accompagnement personnalisé et le suivent même, le cas échéant, au-delà de la signature de son contrat de travail de manière à s'assurer de la durabilité de son emploi.

Depuis que le marché du retour à l'emploi a été ouvert aux agences privées par la Loi de cohésion sociale de janvier 2005, une expérimentation dans la droite ligne de ma proposition est en train d'avoir lieu à Lille, à travers le cabinet Ingeus choisi par l'UNEDIC. Destiné à un échantillon de 3 000 personnes présentant un « risque aigu de chômage de longue durée », il consiste en un accompagnement personnalisé sous forme d'un entretien hebdomadaire pendant une période maximum de dix mois et prolongeable sept mois supplémentaires en cas d'embauche. S'agissant d'un chômeur de moins de 50 ans, l'UNEDIC verse au cabinet 2 800 € dès son entrée dans le dispositif, 300 € lors de l'embauche, 600 € après treize semaines d'emploi et à nouveau la même somme au-delà de sept mois (soit 4 300 €). Dans le cas d'un chômeur de plus de 50 ans, la somme totale peut atteindre jusqu'à 6 000 €. S'il est encore trop tôt pour faire le bilan de cette expérience qui se déroule aussi à

Rouen avec un nombre similaire de chômeurs depuis février 2005 (elle viendra à échéance en février 2007), il faut noter qu'elle semble satisfaire aux critères généralement mis en avant par les économistes en vue de l'efficacité : un ciblage précis, des moyens importants et une incitation financière crédible. J'émettrais seulement une objection : que cette expérience encore très coûteuse ne mette pas en péril les missions de l'ANPE.

Quoi qu'il en soit, ce n'est que dans la mesure où nous parviendrons à mettre en place un service public de l'emploi cohérent accompagnant de manière personnalisée les chômeurs que nous pourrons redéfinir les droits et les obligations de chacune des parties.

De l'avis général, le contrôle actuel de la recherche d'emploi n'est pas opérationnel et le taux de sanction conséquemment minime. Associant un service déconcentré du ministère de l'Emploi (la DDTEFP), l'ANPE et les ASSEDIC, cette fonction de contrôle s'effectue dans les textes en matière de radiation de l'ANPE et de suspension des allocations chômage dans différents cas. Dans les faits, tous ces services s'avèrent peu performants et dépourvus des moyens correspondant à leurs missions. De toute façon, il serait injuste de sanctionner les éventuels manquements de certains à la règle à partir du moment où le système d'accompagnement des chômeurs est lui-même loin d'être parfait. Seule l'aide effective des services de l'emploi, s'engageant à proposer réellement des activités aux chômeurs, permettrait d'établir un vrai contrat d'engagement mutuel auquel serait alors légitimement attaché un système de sanctions et de contrôle, à l'instar de ce qui se pratique par exemple en Suisse. Là-bas, le versement des allocations chômage est comme chez nous assez généreux, mais conditionné à l'obligation pour le chômeur de postuler à des emplois définis comme « convenables ». En contrepartie, le service de l'emploi lui fournit une assistance personnalisée intensive et l'aide à établir un programme d'action sur lequel il s'engage, et qui sera sanctionné en cas de manquement. Evalué entre 1997 et 1999 grâce à un indicateur de crédibilité du système de sanctions selon chaque agence cantonale, il a été démontré que les sorties du chômage étaient d'autant plus élevées que le degré de sanctions était élevé. Des résultats similaires ont été observés lors d'expérimentations aux Pays-Bas. A chaque fois l'enseignement est le même : contrôles et sanctions ne sont pour les chômeurs incitatifs à retrouver un emploi qu'à la condition qu'ils aient fait l'objet d'un suivi personnalisé rigoureux. J'insiste sur ce point : dans les pays du Nord, les sanctions sont légitimes parce que le service public de l'emploi a une obligation de résultat en matière d'accompagnement optimal des chômeurs.

Tentative de mise en œuvre de ces principes depuis juillet 2001, le Plan d'Aide au Retour à l'Emploi (PARE) prévoit que le non-respect de certaines obligations prévues dans le PAP (Plan d'Action Personnalisé), signé entre le demandeur d'emploi et les services de l'ANPE, peut entraîner la suspension des allocations chômage. Dans la réalité, le PAP ne réunit pas les conditions préalables à un véritable système d'engagement mutuel : l'aide au chômeur est insuffisante, ses obligations trop peu contraignantes et les sanctions afférentes sont par conséquent aussi injustifiées que peu crédibles.

En dépit de ses défauts, cette importante réforme du système de l'assurance chômage due aux partenaires sociaux montre qu'en France, et à rebours de ce que l'on entend trop souvent, les choses peuvent bouger. Elle prouve aussi que l'Etat ne peut se défausser de ses responsabilités. Comme il ne peut non plus, dans sa stratégie de lutte contre le chômage, faire l'économie d'une méthode claire, sans faux-semblants ni dérobades. C'est toute la gouvernance du pays qui de ce point de vue est à repenser. Fatigués de l'échec et surtout d'entendre dire qu'il n'est pas inéluctable pour peu qu'on s'y attelle avec volonté et courage, nos compatriotes ne supporteront plus à l'avenir d'être une nouvelle fois déçus.

CHAPITRE 5

Pas de plein emploi sans une révolution de la démocratie

«Nous sommes repartis sur une meilleure voie, nous apercevons la sortie du tunnel...» Ainsi s'exprimait Valéry Giscard d'Estaing, le 17 août 1975, alors que le pays venait de franchir la barre du million de chômeurs. Trente ans plus tard, ils sont encore plus de 2 358 000 à n'en voir toujours pas le bout et ce ne sont pas les dernières acrobaties comptables du gouvernement pour obtenir 0,1 % de moins sur le taux de chômage à l'aide de radiations de l'ANPE, de contrats aidés et d'absence de prise en compte du départ à la retraite des «babyboomers» qui nous rasséréneront!

Vaincre le chômage

Ce chômage de masse chronique gangrène la société française mais d'autres réalités contribuent à alimenter notre « déprimisme ». Un système scolaire encore trop inégalitaire, les ratés de l'insertion pour les jeunes générations issues de l'immigration et la panne de l'ascenseur social sont également facteurs de doute, de pessimisme, souvent de découragement. Symptômes et révélateurs de ce « mal-être » français, les grandes grèves de 1995, le second tour de l'élection présidentielle en 2002, le rejet de la Constitution européenne au printemps dernier et les violences qui ont enflammé nos banlieues six mois plus tard. Autant d'événements qui révèlent le malaise, l'angoisse sociale, mais aussi, et à juste titre, la peur du nouveau monde économique et des inégalités qu'il aggrave. Devant cette réalité, alimentée par un discours aux détestables accents masochistes, certains sont tentés d'agir dans la précipitation, de trancher dans le vif, à la hussarde, au nom de la faillite de notre modèle social et républicain... Or ce dernier a besoin d'être profondément refondé, pas cassé ! Nous devons lutter de toutes nos forces contre la remise en cause de ses fondements et démystifier les « thérapies de choc » que de dangereux apprentis sorciers agitent comme autant de remèdes miracles.

Le thème de la rupture est, paraît-il, à la mode. Mais quelle rupture ? Et à quel prix ? Céder aux sirènes du libéralisme débridé et creuser encore davantage les inégalités entre les riches et les pauvres, les jeunes et leurs aînés, ceux qui ont des emplois fixes et les exclus, qui sont issus de l'enseignement supérieur ou pas, serait insupportable. Et dangereux.

Mais d'un autre côté, nous devons nous aussi, socialistes, faire notre autocritique. Avons-nous assez fait la pédagogie du monde nouveau ? Vraiment cessé de faire de l'économie de marché un épouvantail forcément contraire au progrès social ? Assumons-nous la dette de la gauche à l'égard du modèle démocratique ? Sommes-nous enfin sur la voie de l'indispensable aggiornamento que supposaient l'effondrement des économies planifiées et l'hégémonie désormais planétaire du capitalisme ?

Je sais que pour des raisons historiques, idéologiques, et donc culturelles, la notion de compromis n'a pas bonne presse en France. Assimilé à tort à la « compromission » dans un contexte où prime toujours la conflictualité politique et sociale, le compromis me semble pourtant indispensable. Mais autour d'un diagnostic commun. Et au sujet d'enjeux et de pratiques clairement identifiées, acceptées, partagées. Par les salariés et les partenaires sociaux.

Combattre le chômage en créant les emplois de demain, en augmentant le nombre de personnes diplômées et qualifiées, en subventionnant à la fois les emplois non qualifiés, le travail des jeunes et des seniors, et en décourageant les trappes à inactivité où sont enfermés les allocataires de minima sociaux ne se fera pas en un jour ni au même rythme. De même, protéger différemment les emplois pour sécuriser beaucoup mieux les personnes dans le cadre d'un contrat de travail renouvelé et d'un service public de l'emploi refondé susceptible de mieux accompagner les transitions professionnelles de chacun implique que l'on définisse une méthode. L'architecture de la réforme est cruciale. Comme la question de la complémentarité des leviers disponibles. Les champs d'action sont ouverts et les moyens d'action variés. Néanmoins, rien ne se fera sans une rénovation radicale de notre démocratie :

Pas de plein emploi sans une révolution...

démocratie politique, démocratie sociale, démocratie fiscale, démocratie territoriale.

Un souffle politique nouveau

Abstention massive, montée des extrêmes,
affaiblissement de la représentativité des partis de
gouvernement : qui pourrait nier que nous traver-
sons une crise démocratique profonde ? Que
jamais la distance n'a paru plus grande entre les
citoyens et les hommes politiques, entre le peuple
et *la* politique ?

J'ai déjà eu l'occasion, dans deux ouvrages
récents [1], de réfléchir à la sclérose de notre système institutionnel afin de proposer des pistes
utiles, crédibles, porteuses d'une démocratie oxy-
génée et moderne. J'ai dit combien la crise de
régime que nous vivions, produit d'un ancien
déséquilibre institutionnel entre les pouvoirs exécutif et législatif considérablement aggravé par la
pratique du chef de l'Etat depuis dix ans, nécessi-

---

1. Voir *Un nouveau régime politique pour la France*,
Odile Jacob, 2004 ; *Changer*, Plon, 2005.

tait de réaliser enfin, trois siècles après Montesquieu, la séparation des pouvoirs.

Mettre fin à l'« irresponsabilité illimitée » politique et pénale d'un Président de la République tout-puissant, à la fiction des pouvoirs d'un Premier ministre qui sert de « fusible », à la vassalisation d'un Parlement qui ne censure plus, ne légifère guère et ne contrôle pas davantage : autant de réalités, certes navrantes, mais dont nous devons nous emparer afin de promouvoir une République nouvelle. Est-il normal et satisfaisant qu'un Président ayant perdu deux élections la même année et un référendum important l'année suivante puisse pratiquer une telle « stratégie du bunker » et reconduire deux fois de suite le Premier ministre au mépris de la volonté réaffirmée des électeurs ? Est-il normal et satisfaisant que la Ve République ne soit pleinement « parlementaire » qu'en période de cohabitation ? Que la création de commissions d'enquête parlementaire soit à la discrétion du gouvernement (au mieux de la majorité) ? Et je pourrais multiplier les exemples du déni démocratique que nous vivons depuis trop longtemps.

Porté par une ancienne passion pour le droit public que j'ai si longtemps enseigné, j'ai écrit dans *Changer* quelle était ma vision de la révision constitutionnelle, à propos de laquelle les débats battent heureusement leur plein, notamment au Parti socialiste : une « démocratie parlementaire présidentialisée », c'est-à-dire l'élection au suffrage universel direct d'un chef de l'exécutif responsable devant le Parlement et dont le renversement, par motion de censure, se traduirait par la dissolution afin qu'un nouveau contrat de confiance puisse se renouer dans les urnes. Il ne s'agit ni plus ni moins que de supprimer la fameuse « dyarchie » du sommet de l'exécutif pour rejoindre le droit commun des démocraties parlementaires européennes. Il s'agit surtout de restaurer les pouvoirs du Parlement qui doit retrouver l'initiative de la loi, la maîtrise de son ordre du jour, la rénovation de son travail en commissions et ses fonctions de contrôle effectif. Que cette souveraineté législative restaurée passe par la restriction du champ d'application des articles 38 (ordonnances), 44 (vote bloqué), ou encore du fameux article 49.3, c'est l'évidence. De même que l'ensemble du système doit être démocratisé par la suppression du cumul des mandats, l'instauration de mandats électifs plus courts et l'accroissement de l'indépendance de la justice.

Mais ces principes institutionnels posés, je voudrais insister sur un autre aspect de nos pratiques politiques qui me semble aussi décisif à l'heure où une alternative au libéralisme individualiste s'élabore dans nos rangs : la nécessaire révolution de nos mœurs politiques.

Patente, notre crise institutionnelle est surtout révélatrice d'une crise de confiance, d'un divorce entre le peuple et le monde politique. Qu'elle se soit aggravée avec le mépris du chef de l'Etat actuel pour la démocratie ne doit pas nous conduire à penser que nous en sommes indemnes, au contraire !

Une démocratie digne de ce nom exige à la fois le sens moral de l'engagement et le sens civique. Trop fréquemment dévaluée, démonétisée, la parole politique n'a souvent à s'en prendre qu'à ses représentants : cyniques, amollis par les privilèges et les passe-droits, certains d'entre eux ne donnent pas assez l'exemple de la vertu, cette vieille lune antique à l'opposé des paillettes mais dont on n'a pas encore trouvé ce qui pourrait avantageusement la remplacer !

Pas de plein emploi sans une révolution...

Rétablir la confiance indispensable entre les citoyens et leurs dirigeants nécessite une clé préalable à tout engagement. Cette clé, c'est la vérité, car rien ne se construit sur l'illusion et *a fortiori* le mensonge. Dire la vérité pour mieux agir, dans la clarté et la responsabilité, c'était l'éthique même de Pierre Mendès France, homme courageux et intègre s'il en fut, sous les auspices duquel j'ai eu le bonheur de faire mon éducation politique et dont je veux me souvenir, à l'heure où l'exigence morale implique d'être un peu moins révolutionnaire dans l'opposition et davantage au gouvernement !

Un adage populaire prétend que toute vérité n'est pas bonne à dire mais c'est le contraire : l'entraînement du pays vers l'avenir suppose des dirigeants courageux, à la parole cohérente, et non des girouettes multipliant les promesses contradictoires pour s'accrocher au pouvoir et le conserver à tout prix.

Toujours porteur de valeurs qui mobilisent au-delà de ses frontières et référence durable en termes de mode de vie et d'identité culturelle, notre pays possède par ailleurs de formidables atouts : vitalité démographique, diversité de sa

population, succès technologique de ses entreprises, qualité de ses services publics, foisonne-
ment d'initiatives à travers la multiplication des
associations de toute nature – et j'en passe. Mais
il lui manque l'énergie, et peut-être le désir
de repartir de l'avant, faute de sentir que les
conditions propices sont réunies pour réactiver
l'ensemble.

L'envie de changer, pas plus que la croissance
ne se décrètent, mais toutes deux dépendent d'un
processus commun où la psychologie a sa part.
L'économie ne se sépare pas de la politique, qui
elle-même dépend de l'intelligence, de l'éducation et de l'excellence de tous.

A cet égard, expliquer les succès de la politique menée par Lionel Jospin de 1997 à 2002 par
les seuls effets d'un bon taux de croissance me
semble faire preuve de courte vue. Je suis intimement convaincu que ce gouvernement, animé par
un homme sérieux, intègre, travailleur et respec-
tueux de ses engagements, a profondément influé
sur le climat de confiance dans le pays et dont
témoignent les bons résultats économiques que
nous avons connus. Comme en 1989 à la suite de
la réélection de François Mitterrand, c'est ce petit

« miracle » politique qui a permis son corollaire économique : n'en déplaise à tous les railleurs de la fameuse « austérité » jospinienne ! Une éthique, un cap, une voie claire et droite : voilà ce dont nous avons besoin afin de libérer les initiatives et les énergies.

Quelle pourrait être la méthode d'une vraie stratégie d'engagement aujourd'hui ?

Le diagnostic posé, il s'agit avant tout d'engager sa responsabilité sur l'atteinte d'objectifs préalablement chiffrés et dont il doit être régulièrement rendu compte devant la Nation, conformément à un agenda clair et crédible. En ce sens, s'engager ne signifie pas promettre mais affirmer et prouver que, sans hésitation ni faux-semblants, les actes seront conformes aux paroles et réciproquement.

Ne nous voilons pas la face : si personne n'est aujourd'hui capable de donner clairement les raisons de trente ans d'impuissance française face au chômage, c'est avant tout parce qu'il n'existe aucun bilan sérieux des politiques menées. Un déficit d'évaluation aggravé par l'alternance à répétition et les phases de cohabitation institutionnelle : douze ministres du Travail depuis 1981, cela fait beaucoup! *A fortiori* quand on sait que la pente naturelle de chaque nouveau responsable consiste à plus ou moins défaire les dispositifs mis en place par son prédécesseur sans se donner la peine de savoir ce qu'ils valent pour s'empresser d'en créer de nouveaux. Qui douterait qu'ajouter sans cesse de nouveaux étages à la fusée l'empêche de décoller? A cet égard, et ne serait-ce que pour des raisons budgétaires bien compréhensibles, une remise à plat générale des politiques de l'emploi et de leurs mécanismes est absolument indispensable. Tout autant que la création de conditions d'évaluation indépendantes et fiables. Un rapport cinglant de la Cour des comptes de 2004 a, en matière de politiques de l'emploi, préconisé la création d'un Haut Conseil à l'Evaluation auquel je me rallie.

C'est dire si cette question n'est pas seulement un enjeu d'efficacité mais de pure démocratie. Transparence, clarté, visibilité de l'information et pédagogie permanente sont à la base de toute politique digne de ce nom. C'est pourquoi l'évaluation doit devenir un « impératif catégorique » pour chacun des domaines d'intervention des pouvoirs publics : politique industrielle, de la recherche et de l'éducation, politique de l'emploi, de l'environnement, politique fiscale, etc.

Comment s'engager à gouverner sans un diagnostic partagé à partir d'impasses mais aussi de solutions clairement identifiées, et dont l'avantage supplémentaire serait d'offrir un cadre d'action débarrassé d'arguties idéologiques trop souvent stériles et paralysantes ?

Ce n'est qu'à partir d'un tel changement de paradigme que nous pourrons approfondir nos pratiques démocratiques, notamment dans le domaine social.

Une démocratie sociale en mouvement

En effet, je ne crois pas que nous pourrons combattre efficacement le chômage si nous ne changeons pas radicalement notre « démocratie sociale ». Véritable courroie d'entraînement des réformes et espace où se teste la capacité à transformer un pays, le dialogue social et la politique contractuelle « à la française » ont besoin d'un profond aggiornamento. Ce n'est pas seulement que, de l'aveu même de ses principaux acteurs, cette dernière semble à bout de souffle. C'est aussi que la réinvention du modèle social-démocrate à laquelle j'aspire suppose une modification en profondeur de notre conception des rapports sociaux. Pour cela, il faut rompre avec la logique purement actionnariale de l'entreprise et lui substituer un nouveau modèle d'entreprise, alternatif au modèle anglo-saxon, fondé sur la coopération et le partenariat entre les différentes parties concourant à la valeur globale de l'entreprise.

Passé les ritournelles connues sur notre culture politique et syndicale où, à l'inverse de la cogestion à l'allemande et du compromis à la scandinave, domineraient la conflictualité plutôt que la souplesse, l'opposition plutôt que la proposition et la contestation plutôt que la négociation, je crois nécessaire d'identifier les vrais facteurs de blocage afin de modifier nos mécanismes de régulation sociale.

Cette dernière repose sur la prééminence de l'Etat et de son auxiliaire, la loi, qui régit l'ensemble du droit social. Elle tire également sa raison d'être d'une autre « tarte à la crème » bien connue : le faible taux de syndicalisation des salariés – le plus bas des pays de l'OCDE – qui était en 2003 de 8,2 % (dont 5,2 % dans le secteur privé et

3,5 % dans les entreprises de moins de 50 salariés) alors qu'il était en moyenne de 20 % dans le reste des pays industrialisés.

Les libéraux raillent cette régulation sociale par la toute-puissance publique. Ils oublient simplement qu'elle compense un rapport de forces par nature défavorable aux salariés, ce fait étant accentué chez nous par leur faible syndicalisation. Mais il est également certain que cette faiblesse syndicale conduit en retour au renforcement arbitral de l'Etat sur le terrain des rapports sociaux, lequel organise et perpétue la division et la faiblesse des organisations de salariés.

Si les libéraux veulent abattre la régulation publique du social, c'est pour lui substituer la jungle des rapports contractuels. La liberté du renard entreprise dans le poulailler du salariat ! Tel n'est évidemment pas mon regard sur notre modèle. Dans notre pays bonapartiste, la gauche pense la protection des travailleurs principalement par l'Etat. Dans les social-démocraties du Nord, c'est le partenariat social qui assume cette mission. Peut-on passer d'un modèle à l'autre pour moderniser la France ?

J'imagine volontiers pour ma part une double mutation : la transformation du cadre juridique des rapports sociaux, un nouveau droit syndical susceptible d'enraciner davantage et mieux les organisations dans la réalité économique et sociale.

L'omnipotence de la loi qui fixe la totalité des règles applicables au droit du travail et au droit syndical laisse trop peu de place à la négociation collective. Supérieure dans la hiérarchie des normes, ne laissant au droit conventionnel qu'un rôle subsidiaire dans la régulation des relations professionnelles, la loi absorbe tout l'oxygène dont a besoin le droit conventionnel. Et d'autant plus que l'Etat est aux premières loges dans la production de ce dernier, à la fois organisateur, animateur et transformateur !

En matière de licenciements, par exemple, la loi ne donne en réalité qu'un pouvoir limité aux salariés. Le personnel est informé de la procédure en cours sans pouvoir négocier avec la direction, ni *a fortiori* s'opposer à elle. Ceci conduit à une forte judiciarisation de la vie sociale puisque la France se situe, avec 25 % de licenciements donnant lieu à des recours judiciaires, au premier rang des pays de l'OCDE. Partout ailleurs prévalent l'anti-

Pas de plein emploi sans une révolution...

cipation et le règlement en amont des difficultés entre entreprises, organisations syndicales ou instances représentatives du personnel. Je propose donc que l'Etat et la loi conservent la prérogative de fixer le socle des droits fondamentaux des travailleurs et les grands principes des rapports collectifs de travail, et qu'ils laissent à la négociation interprofessionnelle et de branche le soin d'élaborer, avec souplesse et fluidité, le droit conventionnel.

Cela n'est possible, bien sûr, que si le patronat a, en face de lui, un syndicalisme puissant. D'où, en parallèle, une redéfinition du cadre juridique permettant de pallier une faille majeure de notre démocratie sociale : la faiblesse syndicale qu'encourage depuis trop longtemps notre système.

Alors que partout ailleurs en Europe prévalent soit le syndicat unique (Autriche, Grande-Bretagne), les spécialisations syndicales entre public, privé et cadres (Europe du Nord), ou bien la concentration à deux ou trois organisations, nous vivons en France une situation d'éclatement et de scissiparité. Après les scissions de FO, de la CFDT et de la FEN, l'émergence de l'UNSA, de SUD et de la FSU, nous n'avons plus cinq confé-

209

dérations « historiques » mais huit. Il n'est pas rare non plus de trouver dix, quinze ou vingt organisations syndicales dans une seule entreprise !

Or ni les syndicats ni les salariés ne sont complètement responsables de cette situation car ici encore, c'est la loi qui, au nom du pluralisme et de la liberté d'expression, organise *de facto* cette division et cette faiblesse.

Les règles de représentativité et de représentation actuellement en vigueur doivent être remaniées. La présomption de représentativité dont bénéficient les grandes centrales et donc leurs délégués, comme le fait que tous les syndicats puissent désigner le même nombre de délégués syndicaux ou de représentants au comité d'entreprise, ne sont plus tenables. De même, continuera-t-on longtemps encore de trouver normal que des syndicats sans adhérents puissent signer un accord dans une branche que l'Etat étendra aux entreprises de la même branche (et donc à l'ensemble de ces salariés) ne l'ayant pas signé ?

J'espère que non. Car il me semble qu'il faut davantage et mieux enraciner les syndicats dans la réalité économique et sociale, ce dont les salariés eux-mêmes semblent de plus en plus éprouver le besoin. Comment ?

Pas de plein emploi sans une révolution...

En réaffirmant d'abord le principe majoritaire, règle de base de toute démocratie. Mettre fin à la présomption irréfragable de représentativité des confédérations, prendre en compte leur nombre d'adhérents et de voix pour les légitimer dans les procédures, en faire dépendre leur capacité à signer des accords dans l'entreprise, la branche ou au niveau interprofessionnel : autant de principes de bon sens, de nature à favoriser la responsabilité des syndicats tout en leur conférant un vrai pouvoir.

Un certain nombre d'études ont démontré que la nature des négociations collectives avait un impact sur les taux de chômage et les inégalités salariales : plus elles sont coordonnées (qu'elles soient décentralisées comme au Japon ou pas, comme en Autriche, Allemagne, Scandinavie) et plus elles s'avèrent performantes. A cet égard, la France apparaît sur les deux variables dans une situation intermédiaire qui contribue à expliquer aussi ses mauvais résultats en termes de taux de chômage et d'emploi.

Les dispositions prévues par la loi sur le dialogue social, votée par le gouvernement Raffarin en 2004, ne me semblent pas de nature à améliorer significativement la situation, faute d'avoir tranché dans le vif les questions que je viens de soulever.

Outre qu'il n'a pas été mis fin à la fiction assimilant légitimité et représentativité puisque les principes de cette dernière n'ont pas été changées, la loi institutionnalise le blocage possible des accords *via* le « droit d'opposition majoritaire ». Car en l'absence de modification des règles relatives à la représentativité que je viens d'évoquer, trois syndicats présumés représentatifs peuvent bloquer un accord signé par les deux autres alors même qu'ils sont loin de représenter la majorité des salariés concernés par ledit accord !

Par ailleurs, la disposition selon laquelle les accords entreront en vigueur s'ils sont acceptés par une ou des organisations syndicales représentant au moins 50 % des salariés apparaît en réalité viciée puisque cette application du principe majoritaire doit elle-même faire l'objet d'un accord de branche ou d'entreprise adopté selon les règles du droit d'opposition majoritaire que je viens de décrire et qui repose, je le rappelle, sur une « mauvaise » représentativité. On ne saurait imaginer plus tordu ni pervers !

Pas de plein emploi sans une révolution...

Quant à la redéfinition des normes juridiques qui devrait, je l'ai dit, reconfigurer les champs respectifs de la loi et du droit conventionnel, l'innovation (devenant la règle) consistant à ce qu'une entreprise puisse (sauf exception) déroger à un accord de branche même si ce dernier est plus favorable aux salariés de la même branche ouvre la porte à bien des abus patronaux. Les syndicats seront-ils par nature enclins à s'y opposer? On peut le supposer mais la loi Fillon se montre dans l'ensemble bien timorée. En outre, elle ne prévoit pas d'inclure dans le champ de la négociation sociale la question des conflits du travail, celle des plans sociaux et les méthodes de la négociation collective elle-même.

Comme le propose très justement Alain Vidalies, notre démocratie doit reposer sur des principes simples : le droit de chaque salarié à élire le ou les représentants de son choix, la représentativité des organisations doit être fondée sur le vote des salariés, les accords collectifs doivent être majoritairement validés, l'accord collectif doit être prioritaire sur la loi pour les sujets relevant de la compétence des partenaires sociaux.

Vaincre le chômage

Une révolution fiscale

Bientôt, je soumettrai au débat public un plan de transformation fiscale profonde. Je n'évoquerai donc ici que certains aspects liés à l'emploi et au chômage.

Parce que le consentement à l'impôt, qui est le fondement du lien national entre individus, générations et territoires, se situe au cœur du pacte républicain, nous devons nous accorder sur une fiscalité démocratique en phase avec les propositions économiques et sociales que nous avons jusqu'ici développées.

La problématique fiscale est en effet transversale à toutes les questions que nous avons abordées : politique industrielle avec ses priorités de recherche, de développement de l'innovation, de stimulation de la compétitivité sur les différents territoires ; politique éducative dans la mesure où elle est liée, du côté des parents, aux questions relatives aux revenus et au logement ; nouvelle approche des licenciements prenant en compte la valeur sociale des emplois, etc.

Mais comment articuler à ces différentes facettes une réforme de l'architecture globale des prélèvements qui tienne à la fois compte de nos spécificités nationales, de la nouvelle concurrence économique mondialisée et des impératifs d'équité sociale dont l'impôt est l'un des outils correctifs majeurs ?

Les différences de prélèvements obligatoires dans les Etats et la concurrence qui s'ensuit alimentent toutes sortes de fantasmes sur les délocalisations, l'évasion fiscale et les différentiels de compétitivité. Il est ainsi devenu commun d'affirmer que nous avons un taux excessif de prélèvements obligatoires (44,2 % du PIB en 2003 contre 38,8 % dans le reste de la zone euro) sans préciser que cet écart est pour plus de la moitié imputable à l'écart des cotisations sociales finançant la protection sociale. Car dès lors que l'on ôte ces dernières du calcul, les taux de prélèvements obligatoires français et des autres pays de la zone euro sont proches (respectivement 27,7 % du PIB contre 25,4 %, écart largement explicable par le basculement partiel du financement de la santé vers la CSG dans la deuxième moitié des années 90). Comme sont également voisins leurs pourcentages de PIB représentés par la TVA, les

215

impôts sur le revenu, les bénéfices des sociétés et le patrimoine.

A rebours d'une droite toujours prompte à incriminer la fiscalité comme source de toutes nos difficultés économiques et ne rêvant, au fond, que de restreindre toujours davantage le périmètre des services publics comme de limiter la progressivité de l'impôt, je pense que le financement d'une protection sociale généreuse, d'équipements et de services collectifs de qualité se situe au cœur de notre contrat social et doit évidemment être maintenu. D'autant qu'il favorise l'attrait des investisseurs pour notre pays (nous nous situons sur ce plan au 2e ou 3e rang mondial selon les années) et relativise fortement tous les arguments actuellement à la mode concernant le caractère prétendument rédhibitoire de notre pression fiscale ou des 35 heures ! Si l'on compare notre attractivité économique en regard de notre système de prélèvements, la situation est loin de nous être défavorable. Néanmoins, nous péchons par des taux nominaux trop élevés et des assiettes trop étroites qui limitent notre rendement fiscal. Un problème que nous ne sommes pas les seuls à connaître et que nos voisins tentent également de régler.

On constate en effet dans l'ensemble des pays industrialisés un mouvement général de baisse des taux d'imposition des sociétés et des revenus qui s'est accéléré en Europe avec le passage à la monnaie unique. En moyenne, les taux d'imposition sur les bénéfices des sociétés ont diminué de 14 points de 1982 à 2003. De même, les taux nominaux d'impôts sur le revenu des personnes physiques se sont affichés à la baisse et le système de la « *flat tax* » (création d'un taux unique sur la consommation, les revenus et les bénéfices) semble avoir le vent en poupe. Néanmoins, il ne faut pas oublier que ces stratégies fiscales sont adoptées par des Etats bénéficiant par ailleurs souvent de faibles atouts et qu'il est donc peu pénalisant pour un pays comme le nôtre, bien doté en infrastructures et en main-d'œuvre qualifiée, de maintenir un écart raisonnable de pression fiscale par rapport à certains de nos voisins.

En vérité, la question de la baisse des taux ne me semble envisageable que si elle s'accompagne d'un élargissement des assiettes et donc d'une suppression de toutes les niches fiscales qui rendent notre système trop complexe et illisible pour les contribuables. Pour le dire plus clairement encore, la réforme fiscale doit être mieux assise sur la richesse réelle afin de gagner en simplicité, en solidarité et en rendement (notamment *via* l'impôt sur le revenu, instrument redistributif par excellence). Par ailleurs, elle doit favoriser plus clairement la croissance et l'emploi.

Concernant les allègements de cotisations sur les bas salaires dont nous avons vu les effets positifs sur l'emploi, je serais plutôt opposé à leur financement par ce qu'on a appelé « TVA sociale » et dont je crains qu'elle soit la « fausse bonne idée » par excellence. Augmenter de 5 points la TVA sur une assiette, certes spectaculairement large, reviendrait en effet à pénaliser la consommation de tous les ménages et aurait un effet inflationniste. N'en déplaise à ceux qui dans nos rangs la préconisent, l'argument selon lequel la compétitivité des entreprises s'en trouverait renforcée n'est pas convaincant car il existe une certaine rigidité à la baisse des prix, du moins à court terme.

Pour ce qui est de la taxation des revenus, les deux objectifs incontournables de tout programme audacieux de démocratie fiscale sont de garantir une imposition des revenus incitative, en particulier au niveau des bas salaires, tout en dessinant un système de taxation profondément équitable. En réponse à ces enjeux, je sais que la plupart de mes camarades socialistes préconisent une fusion de l'IR et de la CSG. Le débat est d'importance, la réponse ne manque pas de pertinence. La fusion permettrait en effet tout à la fois d'élargir l'assiette de l'IR dont l'étroitesse est une spécialité française, et d'instaurer une bonne dose de progressivité dans la CSG, qui, aujourd'hui, taxe proportionnellement tous les revenus. A l'heure actuelle, je ne crois pas pour autant qu'on puisse trancher en faveur d'une telle solution.

La progressivité d'un système d'imposition ne provient pas nécessairement de la progressivité des taux du barème : la lutte contre les inégalités est également assurée par les transferts financés par l'impôt. Un système juste doit donc assumer un savant équilibre entre la progressivité des taux – qui permet que chacun contribue selon ses moyens – et l'efficacité de l'impôt – qui servira à financer les transferts redistributifs. Vouloir à tout prix étendre la progressivité des barèmes peut donc parfois s'avérer contre-productif du point de vue de la justice sociale. En l'espèce, l'extension de la progressivité à la CSG n'est pas forcément le meilleur moyen d'arriver à nos fins.

L'IR et la CSG répondent chacun à un objectif de redistribution différent : la CSG est un impôt à fort rendement destiné à alimenter les caisses de la Sécurité sociale et donc la protection sociale ; l'IR est un impôt à assiette étroite, au barème fortement progressif et à rendement faible, dont l'objectif est la redistribution immédiate des revenus. Plus généralement, ces deux impôts ont des philosophies tout à fait distinctes : l'IR est un impôt familial, la CSG un impôt individuel. L'IR vise donc la justice contributive, la CSG cherche le meilleur rendement. Ma crainte est qu'en fusionnant ces deux impôts, on fasse perdre à chacun de ces instruments sa mission et sa valeur. La CSG risque en effet d'y voir rogner son atout principal : sa large assiette. Quant à l'IR, sa fusion avec la CSG rendra d'autant plus facile aux gouvernements de droite, la première alternance venue, de baisser ses taux marginaux et de réduire sa vocation de redistribution verticale [1].

---

1. A cet égard, la non-déductibilité de la CSG de l'IR est fondamentale pour éviter que les prélèvements au titre de la CSG deviennent fiscalement régressifs, ce à quoi la droite s'est employée depuis les années Balladur.

Pas de plein emploi sans une révolution...

Les objectifs de la fusion de l'IR et de la CSG sont justes, je le répète : il s'agit d'élargir la base de l'IR en assurant une meilleure équité fiscale au niveau des bas revenus.

Mais sans écarter définitivement la fusion, ne pourrait-on pas d'abord réfléchir à un élargissement de l'assiette de l'IR, par une remise à plat générale des innombrables niches qui la mitent ? Et ne devrait-on pas au préalable s'interroger sur l'opportunité d'une modernisation de la prime pour l'emploi afin de garantir aux bas salaires des taux d'imposition des revenus qui ne soient pas totalement incompatibles avec la reprise de l'emploi ? Voilà, selon moi le sens des priorités.

Aussi, il va sans dire que la réforme fiscale proposée l'année dernière par le gouvernement et qui doit prendre effet en 2007 constitue un véritable « tête-à-queue » conceptuel puisque la baisse des taux de chaque tranche va profiter beaucoup plus aux hauts revenus qu'aux classes moyennes. Selon une étude de l'OFCE, 70 % de la baisse de l'IR iront aux 20 % des foyers imposables les plus riches. De plus, ces promesses fiscales coûteuses, injustes et inconsidérées vont entraîner une perte de recettes précieuses alors que nos déficits publics atteignent des sommets !

De même, le fameux « bouclier fiscal » visant à ce qu'aucun contribuable ne paie plus que 60 % de ses revenus en taxes directes (IR, ISF et impôts locaux) constitue un signal adressé aux personnes assujetties à l'impôt de solidarité sur la fortune qui *de facto* sera ainsi plafonné. Répéter sans cesse, comme le fait la droite, que des taux élevés d'impôts sur les hauts revenus découragent leur activité et favorisent leur délocalisation est totalement faux [1]. En revanche, ce qui crève les yeux, c'est que les baisses générales des taux d'impôts sur le revenu diminuent bel et bien les recettes fiscales et creusent les inégalités !

Au regard de la nécessaire création des emplois du futur via une politique active favorisant une meilleure spécialisation industrielle et un effort accru de R&D, notre système fiscal doit être plus incitatif pour les PME et les petites entreprises innovantes (souvent à capital individuel ou fami-

---

1. Voir Thomas Piketty, *Les hauts revenus de France au xxᵉ siècle : Inégalités et redistributions, 1991-1998*, Grasset, 2001.

Pas de plein emploi sans une révolution...

lial) qui sont les moteurs de la croissance. Nos jeunes pousses sont trop fréquemment inhibées dans leur création ou leur développement par une fiscalité labyrinthique et parfois carrément inique. La taxe professionnelle est l'emblème de ces embûches fiscales qui empêchent les talents locaux de s'épanouir. Sa réforme est une nécessité impérieuse, ce qui nous amène à la question de la démocratie territoriale qui m'est si chère.

Vers une révolution territoriale

Il est une inégalité française qui concentre et exacerbe les autres injustices : le fossé entre villes riches et villes pauvres, départements riches et départements pauvres, régions riches et régions pauvres. Cette iniquité est contraire à notre conception de l'égalité républicaine. Dévastatrice, elle est en même temps source de gâchis des capacités et des talents. Elle alimente aussi tragiquement le sous-emploi.

J'ai évoqué plus haut la réforme fiscale d'ensemble qui me semble indispensable : j'ajoute

223

qu'elle m'apparaît d'une nécessité tout aussi urgente en matière de finances locales. On ne peut plus se contenter d'une politique de dame patronnesse vis-à-vis des territoires abandonnés. Il nous faut imaginer une transformation radicale de leur financement et de leur développement.

Notre fiscalité locale est aujourd'hui à la fois archaïque, complexe et injuste.

Je ne démontrerai pas ici mais plus tard, dans un prochain essai sur la fiscalité, combien les assiettes des taxes foncières et d'habitation sont obsolètes, inefficaces, injustes, comment elles contribuent à affaiblir le lien fiscal local faute d'être comprises et acceptées. Dans quel sens également notre taxe professionnelle aurait besoin d'être profondément réformée.

Pour l'heure, je veux dire quelques mots de la réforme actuellement en cours qui suscite, à juste titre, la fronde des régions, de nombreux départements et des communes, toutes tendances politiques confondues !

Alors que les dégrèvements de taxe professionnelle (en raison de sa substitution financière aux entreprises dans le cas d'une hausse de son taux) coûtaient jusqu'alors environ 5,7 milliards d'euros à l'Etat, la réforme promise par le Président de la République prévoit un plafonnement à 3,5 %. Or ceci risque de nuire aux collectivités selon la nature des entreprises qui sont implantées chez elles. Faute d'avoir été réformée, l'assiette reposant – je le rappelle – sur la valeur des biens de l'entreprise, pénalisera donc les industries davantage que les services. A titre d'exemple, je suis bien placé pour savoir que le département du Pas-de-Calais pourrait voir plus de 74 % de ses recettes de TP plafonnées contre 28,5 % pour les Hauts-de-Seine. Idem pour les régions : l'Ile-de-France serait la seule région plafonnée à moins de 38,5 % alors que le Nord-Pas-de-Calais le sera à plus de 70 %. Une fois encore, les collectivités les plus modestes seront davantage handicapées que celles disposant déjà des bases fiscales importantes et dynamiques – un comble !

Mais en réalité, tout est lié : depuis 2002, pour financer les baisses d'impôts des plus favorisés et sous prétexte de décentralisation, les gouvernements Raffarin et Villepin se délestent de plus en plus sur les collectivités locales d'une grande partie de leurs responsabilités en matière de politiques publiques. A la charge désormais des départements? Le RMI, les routes nationales, le fonds de solidarité logement, les TOS des collèges. A celle des régions? La formation des travailleurs sociaux, le fonctionnement des instituts de formation des professions médicales et paramédicales, les TOS des lycées. Or les moyens transférés étant insuffisants et couvrant de moins en moins bien ces nouvelles charges, le gouvernement n'hésite plus à accuser en retour les collectivités locales de tous les maux, incriminant leurs dépenses comme leur gestion. Dans ce contexte, le plafonnement de la taxe professionnelle n'apparaît que comme un avatar parmi d'autres d'une punition des collectivités qui, par ailleurs, sont concernées par le bouclier fiscal et seront pénalisées à travers la Dotation Globale de Fonctionnement si elles se montrent trop récalcitrantes.

Quant à l'emploi dans sa dimension spécifiquement territoriale – je pense évidemment à la chute de l'emploi industriel dans certaines régions –, nous devons le maintenir par une politique imaginative et courageuse, à rebours de ce que fait actuellement le gouvernement. Alors qu'il parle d'un droit au reclassement régional, le Premier ministre organise dans le même temps l'insécurité pour les chômeurs et propose aux employeurs des emplois bradés comme les RMA.

C'est pourquoi, pour défendre et maintenir l'emploi dans les territoires, je proposerais plutôt trois pistes d'action.

Premièrement, conditionner les aides octroyées par les régions aux entreprises à un effort de maintien de l'emploi (ouverture de négociations d'un plan de développement ou de sauvegarde de l'emploi) ou de formation (réel plan de formation qualifiant pour leurs salariés).

Deuxièmement, créer un observatoire des fragilités d'emploi, des qualifications et des métiers dans chaque région pour anticiper les licenciements.

Troisièmement, instituer des plans territoriaux de soutien aux zones économiquement fragiles en soutenant les infrastructures et en favorisant l'environnement économique. La région adaptera à cet effet son offre de transport en commun aux besoins spécifiques des salariés et des entreprises au niveau des bassins d'emplois.

Les mutations économiques et les licenciements économiques sont prévisibles dans la plupart des cas, une fois analysée la situation d'un bassin d'emploi. La région est l'échelle pertinente pour effectuer un véritable travail de recensement et d'anticipation au niveau des bassins d'emplois car elle dispose de pouvoirs étendus et de la légitimité politique pour jouer un rôle de pilote en matière d'anticipation et de développement du dialogue social territorial. Les régions sont déjà des laboratoires de politiques très audacieuses et explorent avec succès de nombreuses pistes d'action. La région Nord-Pas-de-Calais, avec Pierre de Saintignon, a ainsi lancé des initiatives très courageuses comme les contrats de développement pour conditionner les aides octroyées à des critères précis sur la qualité du volet social du projet industriel, mais aussi le soutien à la création d'entreprise, le soutien à l'économie sociale et solidaire. La région prendra donc l'initiative d'une part de centraliser les moyens de veille et de pilotage des mutations économiques en lien avec le Service public de l'emploi régional, l'ANPE, les collectivités locales, les partenaires sociaux, les branches professionnelles et l'observatoire régional de l'INSEE; d'autre part de construire une gamme d'outils pour offrir une formation adaptée aux besoins des territoires.

Pas de plein emploi sans une révolution...

Nous avons besoin d'une autre gouvernance comme d'une nouvelle vision économique, sociale et territoriale.

***

Les stratégies victorieuses de lutte contre le chômage ont été en Europe très diverses. Il ne servirait à rien de combiner ce qui a réussi ici ou là pour espérer en tirer une « recette magique ». Nos voisins sont partis de traditions et de situations structurelles et conjoncturelles très différentes pour trouver les meilleures solutions adaptées à leur identité sociale et nationale. Il ne tient qu'à nous d'en faire autant. Courageusement. En gardant le cap fixé sur quelques lignes de force. D'abord, favoriser l'emploi stable, lutter contre les exclusions et discriminations sur le marché du travail, améliorer l'enseignement et développer la formation tout au long de la vie ; ensuite dynamiser le service public de l'emploi et créer un contrat de travail unique tout en réarticulant les politiques d'allègements de cotisations sociales sur les bas salaires et les mécanismes favorisant la reprise d'activité. Parallèlement à cette action sur le marché du travail, agir puissamment sur l'offre via la recherche et l'innovation afin de stimuler les gains de productivité, la modernisation et donc la croissance, demeure incontournable. Je l'ai déjà dit et le répète : une politique économique tournée vers la croissance est nécessaire : politique sociale et fiscale orientée vers la consommation, soutien à la création d'entreprises et à l'investissement, politique de l'emploi contra-cyclique, développement des infrastructures, etc. Sans confiance, pas de croissance. Sans croissance, pas d'emplois.

Empruntant cette voie, l'action conduite par le gouvernement de Lionel Jospin de 1997 à 2002 a prouvé qu'il était possible de renouer avec l'espoir. J'espère vous avoir convaincu que cette voie peut être réouverte, pour peu que nous fassions tous preuve de lucidité, d'inventivité et de courage pour devenir, ensemble, les acteurs du changement. Dans le respect de nos traditions et de nos valeurs, grâce à une société de plein emploi, de la connaissance partagée, du développement durable et de la démocratie « jusqu'au bout ».

TABLE

Cet ouvrage a été composé et imprimé par

FIRMIN DIDOT

GROUPE CPI

Mesnil-sur-l'Estrée

pour le compte des Éditions Grasset
en mars 2006

Dépôt légal : mars 2006
N° d'édition : 14244 – N° d'impression : 78169
ISBN : 2-246-70321-2